HEYNE BÜCHER

Kryon

Das Zeiten-Ende

**Neue Informationen
für persönlichen Frieden**

Botschaften gegeben
und empfangen in Liebe

Geschrieben von Lee Carroll

Band 1

WILHELM HEYNE VERLAG
MÜNCHEN

HEYNE ESOTERISCHES WISSEN
Herausgegeben von Michael Görden
13/9856

Die Originalausgabe erschien unter dem Titel
THE END TIMES
bei The Kryon Writings, Del Mar, Kalifornien

Umwelthinweis:
Dieses Buch wurde auf chlor- und
säurefreiem Papier gedruckt.

4. Auflage

Taschenbucherstausgabe 2/2001

Überarbeitete Ausgabe in Neuübersetzung
von Petra Ostergaard und Steve Ostergaard-Aimson
nach der revidierten amerikanischen Fassung von 1996
Wilhelm Heyne Verlag GmbH & Co. KG, München
http:// www.heyne.de
Printed in Germany 2002
Umschlaggestaltung: Atelier Seidel, Altötting
Satz: Schaber Satz- und Datentechnik, Wels
Druck und Bindung: Ebner & Spiegel, Ulm

ISBN 3-453-18062-3

Inhalt

Vorwort der Herausgeber

In Achtung und Respekt aller kulturellen Unterschiede und in Achtung und Respekt vor unserer eigenen historischen Geschichte und gesetzgebenden Politik folgten wir einer authentischen Übernahme des uns vorliegenden amerikanischen Buches *The End Times.* Lee Carroll entschied sich in der amerikanischen Originalausgabe für den »etwas holprigen« Sprachstil zugunsten der authentischen Übertragung der Botschaften. Wir würdigen und begrüßen diese Entscheidung.

Eine Übertragung in die deutsche Sprache hätte entsprechend unserer mentalen Tiefgründigkeit erstens eine Veränderung des sprachlichen Ausdrucks in germanistisch einwandfreien Sprachstil bedingt; zweitens eine Veränderung der altdeutschen Frakturschrifttypen in der Schreibweise des Namens *Kryon** auf dem Titelcover aufgrund unserer eigenen negativen Assoziationen; und, drittens, Streichung aller Textpassagen zum Thema Heilung, insbesondere Streichung des 5. Kapitels, HEILUNG UND KRANKHEIT, aufgrund unserer landeseigenen Heilpraktiker-Gesetzgebung.

Das daraus resultierende Ergebnis wäre ein Buch mit dem Titel *Am Ende der Zeiten* geworden, sprachlich rund und zweifelsohne nicht **die uneingeschränkte Botschaft von Kryon**.

* In der vorliegenden Taschenbuchausgabe wurde der Kryon-Schriftzug aus lizenzrechtlichen Gründen leicht abgewandelt.

1. Die Übersetzung in einen einwandfreien germanistischen Sprachstil glättet Übertragungslücken und damit auch unausgesprochene Aussagen. Beispiel: DIE END ZEIT – DAS ZEITEN-ENDE – AM ENDE DER ZEITEN.

2. *Kryon* ist hier, um uns dabei zu helfen, negativ überschattete Themen zu klären, zu reinigen und zu verwandeln in Positives. Er zeigt uns die Möglichkeit, unseren Ausgangspunkt zu verlassen und neue Sichtweisen zu entdecken wie zum Beispiel: den Titel *Die End Zeit* wertfrei, ohne die für uns erst einmal angstbesetzte Projektion, lesen zu können. Gleiches gilt für die Schreibweise des Namens *Kryon* in altdeutscher Frakturschrift.

3. Jeder, der in unseren Ländern krank ist, besucht selbstverständlich den gesetzlich qualifizierten und anerkannten Mediziner, den Arzt bzw. die Ärztin.

Die große Herausforderung und Chance des beginnenden neuen Zeitalters ist unser Lernen, Eigenverantwortung zu übernehmen und unsere innere Wahrheit wieder zu finden, um ihr zu folgen. Viele Menschen nehmen in dieser Zeit des Jahrtausendwechsels in immer stärkerem Maße die neue Energie wahr. Sie zeigt sich rein äußerlich in dem rasanten Tempo, in welchem sich die Lebensbedingungen aller Bewohner dieses schönen, kraftvollen Planeten Erde verändern. Wir sind heute mehr denn je dazu auf- und herausgefordert, uns neu zu verankern und auszurichten:

»Mit den Füßen auf dem Boden und dem Kopf im Himmel...«
ist die eigentliche Ausrichtung von uns, den Menschen.

Mögen die folgenden Kryon-Schriften in ihrer Liebe und Kraft als eine Möglichkeit zur Hilfe in dieser Ausrichtung beitragen.

Petra Ostergaard und Steve Ostergaard-Aimson
September 1998

Vorwort
zu den Kryon-Schriften in der deutschsprachigen Ausgabe

Die Kryon-Schriften sind nun schon seit Jahren in den Vereinigten Staaten erhältlich und weltweit sind bis heute über eine Viertelmillion Exemplare gedruckt worden. Die Bücher sind im Laufe der Zeit ins Spanische, Französische, Dänische, ins Chinesische und sogar ins Hebräische übersetzt worden... aber der deutsche Bereich blieb ohne Verleger.

Viele wunderbare, fähige Profis aus dem spirituellen Bereich zeigten ihr Interesse an der Übersetzung und Herausgabe der Bücher ins Deutsche, aber die Umstände waren nie ganz stimmig. Heute ist mir klar, warum.

Was Sie im Folgenden lesen werden, musste sorgfältig aus dem englischen Original entschlüsselt und in die deutsche Sprache übertragen werden. Die Energie der Liebe, die sich durch diese Werke präsentiert, wartete auf die richtige Gruppe von Menschen, dieses zu tun. Der Übersetzungsprozess geht tief hinter die wissenschaftlich korrekte Umsetzung der Bedeutungen von einer Sprache in die andere.

Er beinhaltet Konzepte, Begriffe und Bilder, die das Innere unserer Seele berühren und unser Leben für immer verändern können.

Ich gebe meinen Dank und meine Anerkennung an die, die das verstanden und ihre Erkenntnisfähigkeit, ihr Talent und ihr Verständnis dafür einsetzten, sicherzustellen, dass die Botschaft dieser Seiten weit hinter das gedruckte Wort reicht, bis direkt ins Herz!

Ich feiere das Buch, das Sie heute in Ihren Händen halten.

Mai 1998, Lee Carroll – The Kryon Channel

Dank

Mein Dank gilt all den vielen Menschen, die mich während der Arbeit zu diesem ersten Buch ermutigten. Sie können sich sicher sehr gut vorstellen, wie ich mich als »nicht-metaphysischer Autor« fühlte, der plötzlich gechannelte Botschaften aus einer Quelle erhielt, an deren Existenz er (ich) noch nicht einmal glauben konnte, als dies alles begann.

Ich strapazierte meinen logischen Menschenverstand wirklich bis zum Äußersten, um die Voraussetzungen dieses Buches glauben zu können: dass ein magnetischer Meister des Universums hier durch mich arbeitet. Wenn es mir nicht selbst, durch mich, geschehen wäre, wäre ich der größte Skeptiker überhaupt.

Meine Empfehlung an all die Menschen, die dieses Buch lesen und es nicht glauben können, ist folgende: Versuchen Sie einfach, gegenüber allem Spirituellen offen zu sein. Es ist nicht erforderlich, jegliche Art spiritueller Doktrin zu akzeptieren, um ein wertvoller, konstruktiv beitragender Erdenbürger zu sein, aber seien Sie offen gegenüber Ihrer eigenen Intuition. Und vielleicht werden Sie, möglicherweise lange bevor Sie auf dem Totenbett liegen, einige Fragen stellen und zu einigen Schlussfolgerungen und Entscheidungen kommen. Es gibt einen realen Raum für diese Dinge in unserem Denken und bald wird es ein Teil unserer

Wissenschaft sein. Niemand wird Sie dafür verurteilen, ein wenig »anders« zu sein.

Ein Dank an wenige von den vielen... einige, die nicht einmal wissen, wie sehr sie halfen.

Jan Tober
Dr. Barbra Dillenger
Michael Makay
Dr. Frank Alper
Kyle Mathews
Barbra Marino
Jim Marino
Garret Annofsky

für Jan... für ihre Geduld...

Lee Carroll

KAPITEL 1

Begegnung mit Kryon

Kryon-Channeling: Das Schreiben beginnt...

Lee Carroll berichtet...

Die folgenden Seiten enthalten die wohl erhellendsten Einblicke in den Lauf der Dinge, vermittelt von der Wesenheit, die mir als »Kryon« bekannt ist. Als Channel habe ich das außergewöhnliche Privileg, seine Botschaften zu Papier zu bringen.

Ich wusste von Kryon schon seit geraumer Zeit, doch habe ich ihn im Wesentlichen ignoriert. Zwei medial veranlagte Menschen, die sich gegenseitig nicht kannten, mussten mir während Sitzungen, die in einem Zeitraum von bis zu drei Jahren stattfanden, seinen Namen laut buchstabieren und erklären, dass er wichtig sei... Und so sitze ich nun verlegen an meinem Computer und beginne für uns alle Kryons Botschaften niederzuschreiben.

Direkt zu Beginn gab uns Kryon einen sehr liebevollen Einblick in ein ganz wesentliches Thema: Jesus Christus und wer er wirklich war... - dazu gab er uns eine gut zusammengefasste Übersicht über das metaphysische Glaubenssystem *(vgl. Kapitel 6 in diesem Buch)*. Kryon gab uns sogar neue Auslegungen der Heiligen Schrift - ich hätte sie fast nicht niedergeschrieben, so erschrocken war ich über ihre Kühnheit! (Ich hatte Angst, jeden Augenblick vom Blitz erschlagen zu werden - offensichtlich eine Auswirkung kultureller Einflüsse.) Kryon spricht durch die vorliegenden Schriften direkt zu den Menschen der westlichen Welt und er bezieht sich offenbar auf das, was jetzt gerade persönlich mit uns geschieht.

Es wird mir zum wiederholten Male geboten, ruhig zu sein, zu schreiben und mich über das, was ich empfange, nicht zu beschweren - und mich nicht um das zu sorgen, was andere sagen mögen (Kryon ist sehr praktisch und direkt). Er erinnert mich auch immer wieder daran, dass ich für das, was ich hier tue, einen Vertrag mit ihm habe und dass wir in der Vergangenheit gemeinsamen Dienst taten. Natürlich habe ich keine unmittelbaren Kenntnisse von dem, worüber er da spricht, dazu bin ich viel zu sehr ein Teil der Erde, stehe fest auf dem Boden und bin sehr skeptisch gegenüber nahezu allem - bis es mir genügend »auf den Kopf geklopft hat...«, wie Kryon es tat. Glauben Sie mir, diese Erfahrung ist für mich äußerst ungewöhnlich. Ich bin ein Geschäftsmann, der 48 Jahre lang nichts anderes als sein Fernsehprogramm empfing... Und nun das! Diese Wesenheit von jenseits des Schleiers (wie Kryon es nennt) hat etwas Eindringliches, Ernstes und sehr Liebendes zugleich.

Diese Schriften richten sich an die metaphysisch Aufgeschlossenen unter Ihnen. Kryon möchte über die andere Seite des Schleiers sprechen, darüber, wer er ist, warum er hier ist und ein wenig über das, was uns auf der Erde bevorsteht. Er möchte keinem bestimmten Geschlecht, männlich/weiblich, zugeordnet werden (wie ich es in meiner Formulierung nun getan habe), doch weigere ich mich, diese Wesenheit unpersönlich »es« zu nennen, und eine Kunstform wie

»sier« (»sie/er«) stimmt auch nicht. Also mache ich doch vom Pronomen »er« Gebrauch, wenn es aus syntaktischen Gründen unumgänglich ist. Kryon hat ein stets wiederkehrendes Thema und mir wird wiederholt die Botschaft gegeben, dass es sehr wichtig ist: »LIEBE ist die machtvollste Kraft im ganzen Universum. Sie ist die Verbindung, die unseren Glauben trägt und zusammenhält, anstelle der Doktrin, die in anderen Systemen dafür Sorge trägt. Die Liebe ist in ihrer wahren Kraft nicht erkannt und wir nutzen sie nicht im richtigen Sinne.« Ich denke, dass diese Schriften im weiteren Fortgang aufzeigen werden, was wir tun können, um das zu verändern.

Liebe ist die machtvollste Kraft im ganzen Universum.

Sollten Sie mit der metaphysischen Sichtweise bisher nicht vertraut sein, dann schlage ich Ihnen vor, im 6. Kapitel dieses Buches (Jesus Christus - wer er wirklich war) mehr darüber nachzulesen. Sonst mag Ihnen das, was jetzt folgt, etwas fremd erscheinen! Wenn Sie schon Kenntnisse im Bereich des universellen Glaubenssystems haben, ist Ihnen das Folgende vertrauter.

Kryon wünscht von mir, dass ich in einer einfachen und für jeden verständlichen Sprache schreibe - nicht vorrangig für diejenigen, die schon über viele Jahre ein Teil der »New Age«-Bewegung sind. Er mahnte mich von Anfang an, das Vorgehen einfach und direkt zu halten, und hat mir dafür gute Methoden an die Hand gegeben. Jene, die schon lange in der

Bewegung sind, werden mit dieser Art von Schrift keinerlei Mühe haben. Aber Kryon sagt mir, dass bei denen, die der alten Zeit verbunden sind, aufgrund neuer Auslegungen möglicherweise etwas Widerstand aufkommen könne. Es scheint, dass wir eine Zeit beginnen, in der die Informationen sehr viel klarer sein werden. In der Vergangenheit hatten viele Informationen zwar die korrekte Richtung, beinhalteten aber falsche Fakten, und nun beginnen wir einiges davon aufzuklären.

In diesem Buch tritt Kryon zum ersten Mal hervor und spricht in der ersten Person. Im gesamten Buch schreibe ich alles so, wie ich es empfange, mit nur geringfügigsten Korrekturen. Ich bekam sehr deutliche Anweisungen, so zu verfahren und die Grammatik stehen zu lassen, wie sie kommt, damit die Mitteilungen und die Kommunikation fließen...

Das Ergebnis ist ein vielleicht etwas holpriger Schreibstil, aber Sie werden ihn mit der gleichen ursprünglichen Spontaneität lesen können, wie er geschrieben wurde.

Was folgt, bekommen wir beide zum ersten Mal zu Gesicht... ich als der Schreibende und Sie als der Leser. Die meisten Kapitel beginnen mit einigen Anmerkungen von mir und diese Kommentare wurden jedes Mal vor der eigentlichen Übermittlung von Kryon geschrieben.

...Und nun, begegnen Sie Kryon.

Wer bin ich?

Ich grüße euch! Ich bin Kryon vom magnetischen Dienst. Jeder von euch ist tief geliebt! Wenn du bis zu diesem Punkt geführt wurdest, an dem du diese Übermittlungen liest, dann bist du zur rechten Zeit am rechten Ort. Bitte lies weiter. Ich spreche direkt zu dir.

Ich spreche jetzt durch meinen Partner so klar wie möglich; aber ich verwende nicht Sprache, wie ihr sie kennt. Die Wörter entstehen durch das Bewusstsein meines Partners. Meine Kommunikation ist tatsächlich unabhängig von jeder Sprache. Ich spreche zu euch in »Gedankenbündeln« und »Ideengruppen«, die in eure Worte übersetzt werden, damit ihr sie verstehen könnt.

Ich habe meinen Partner aus verschiedenen Gründen zu meinem Autor erwählt. In erster Linie, weil er sich mit dieser Aufgabe einverstanden erklärte, bevor er zur Erde kam. Er hat einen Vertrag, aber so wie jeder Mensch kann er sich für oder gegen die Vertragserfüllung entscheiden. Intuitiv weiß er allerdings auch, sollte er es nicht tun, werde ich ihn vermutlich während der nächsten 50 Jahre nicht mehr schlafen lassen. Der andere Grund für meine Wahl liegt in der Tatsache, dass er das metaphysische System nicht kennt. Er hat sich nicht damit befasst, es nicht studiert und auch keine einschlägige Literatur gelesen. Von daher können meine Gedankengruppen bei ihm auf eine unvoreingenommene Ebene treffen. Dies ist das neunte Jahr in seinem Wachstum und seiner Bewusstwerdung und es ist hier und jetzt für ihn stimmig, seine Gelegenheit zum Handeln wahrzunehmen. Es ist ihm unangenehm, über sich selbst zu schreiben, also will ich weiter fortfahren.

Mein Name ist nicht wirklich Kryon* und ich bin kein Mensch. Ich wünschte, ich könnte euch vermitteln, wie es ist, eine Wesenheit zu sein, wie ich es bin. Doch es gibt wichtige Implantate im Menschen, die psychologische Beschränkungen bewirken und von daher ein Verstehen einfach unmöglich machen. Ich werde das später genauer ausführen. Mein *Name* ist eine »Gedankengruppe« und ein »Energiepaket«, das mich umgibt und für alle anderen Wesenheiten erkennbar ist. Dieses Energiepaket begleitet meine Kommunikationen und identifiziert mich zu jeder Zeit. Ich bin in konstanter Kommunikation mit allen - bitte nehmt das einfach an. Die Schreibweise meines Namens, welche ich als Gedankengruppe denen übergab, die sie brauchten, stimmt in eurer Sprache so gut wie möglich mit meinem TON überein. In Wirklichkeit umfasst mein Name sehr viel mehr als den Klang und ich wünschte, ihr könntet ihn »fühlen«, aber zur gegenwärtigen Zeit könnt ihr es nicht. Das Energiepaket/Energiebündel meines Namens (welches sich von dem Energiebündel meiner Mitteilungen unterscheidet) besteht aus drei Teilen:

* Deutsche Aussprache: *Kryon* → Kraijon [Kraiən] - *Anm. d. Übers.*

1. Ton - den ihr als Klang wahrnehmt, der hier aber nicht-auditiv wahrgenommen wird;
2. Lichtfrequenz - entsprechend eurer Wahrnehmung von Licht und Farbe, und
3. Form - die ihr als Gestalt und Muster wahrnehmt.

Mein Name präsentiert sich als ein einziges Gesamtpaket und wird auf eine Weise wahrgenommen, die zum jetzigen Zeitpunkt bedeutungslos für euch ist. Der größte Teil meines Namenspaketes liegt außerhalb irgendeiner menschlichen Sinneswahrnehmung.

Das ist sehr schwer zu erklären, etwa so, als wolltet ihr einem blinden Menschen eure Farben erklären. Euch sind keine Rezeptoren gegeben, die euch verstehen lassen, wie ich wahrnehmbar bin. Und das ist so, wie es sein soll.

Für mich ist es sehr interessant festzustellen, dass auch die Menschen, die seit vielen Jahren mit dieser Seite des Schleiers in Berührung sind, bis heute dieses Energiepaket noch nicht in seiner Gesamtheit erfasst haben. Die Konstruktion eurer Implantate ist für das euch einschränkende, zweidimensionale Denken verantwortlich. Jedoch hätten ausbalancierte Menschen längst in der Lage sein können, diese Gesamtheit zu begreifen. Es ist an der Zeit, damit zu beginnen! Es gibt viele wahrhaft erhellende Schriften über die Bedeutung von Farbe, Licht, Klang und Form... und ihr erkennt ihre Bedeutsamkeit. Doch seid ihr zu dreidimensionalem Denken herausgefordert und es ist ein Zusammenbringen erforderlich, damit die einzelnen Bereiche wahrhaftig bedeutungsvoll werden.

Vielen erscheinen diese Dinge im Einzelnen wie zusammenhangloses Wissen und es ist für sie von eher zweitrangigem Interesse. Doch wenn ihr sie zusammenbringt und mit ihnen arbeitet, werden sie energiegefüllt und lebendig. Glaubt es! So funktionieren die Dinge.

Was bin ich?

Ich bin vom magnetischen Dienst. Das bedeutet für euch zweierlei. Ich werde mit Letzterem beginnen – dem Dienen. Meine Wesenheit ist dienend. Ich bin niemals ein Mensch gewesen oder irgendetwas anderes als Kryon. Ich bin einzig und allein dafür da, den »Schulen« des gesamten Universums, in denen sich Wesenheiten befinden, wie ihr sie seid, in einer spezifischen Funktion zu dienen. Es gibt viele Schulen unterschiedlicher Stufen und Ebenen, einige, die einfacher sind als eure, und andere, die komplexer sind.

Es gibt viele Arten von Wesenheiten, unsere Anzahl ist jedoch immer die gleiche, konstant und zu allen Zeiten das Ganze spiegelnd. Ihr seid ein sehr wichtiger Teil des Ganzen und ihr seid etwas sehr Besonderes. Ihr habt gewählt, jene zu sein, welche die Frequenzen des Ganzen auf eine höhere Stufe bringen. Dieser Vorgang ist sehr interessant und erfordert Opfer und Arbeit. Wenn ihr auf meiner Seite des Schleiers seid, dann erscheinen viele Dinge völlig logisch und klar, die für euch derzeit gar keinen Sinn ergeben. Der Prozess von Leben, Sterben, Arbeiten und die Erfahrung der *Lektionen des Menschseins* ist wesentlich auf dem Weg zum Erreichen des Endziels unserer gesamten Existenz. Und euer Prozess in dieser Zeit ist der aufregendste von allen. Ich werde das im Nachfolgenden erklären.

Jene, welche wie ich im Dienst sind, haben gewählt, für euch zu arbeiten. Die Diensttuenden sind viel zahlreicher als ihr, die ihr in der Schulung seid, und es gibt viele, viele Arten des Dienens. Da gibt es die Wesen, die jedem von euch direkt zugeordnet sind. Sie gehen weiter, sobald ihr andere Stufen eurer Entwicklung erreicht. Einige bewegen sich niemals von euch fort und begleiten euch während eines ganzen Lebens. Alle sind euch direkt und unmittelbar zugeordnet, um euch zu dienen.

Das Gesamtbild ist sehr komplex, wenn auch von meinem Standpunkt aus gesehen sehr logisch und einfach, denn euer Planet beherbergt neben eurer Schulung noch viele andere verschiedene Schulen, die euch vollkommen unbewusst sind. Das heißt, es gibt andere Wesenheiten, die in einer besonderen Art von Wechselwirkung mit euch leben, wodurch sie geschult werden! Für sie seid ihr die Prüfung! Einige andere Lebensformen, die ihr auf der Erde beobachtet, sind in Wahrheit ebenfalls Wesenheiten, doch ihr haltet sie für niedere Intelligenzen. Auch existieren ätherische Wesenheiten mit euch zusammen, die ihre Lektionen durchlaufen,

> Die Entscheidungen des Ganzen entsprechen immer dem individuellen Willen.

und ihr nehmt sie als Geister oder Erscheinungen wahr - nicht zu verwechseln mit jenen Erscheinungen, die die Aufgabe übertragen bekommen haben, euch zu dienen.

Wir alle, die im Dienst sind, ehren euch und eure Arbeit. Viele von euch haben zunächst als Diensttuende begonnen und sie haben sich dann dazu entschieden, zu wechseln. Einige von euch wurden zum Wechsel eingeladen und sie taten es bereitwillig.

Die einzige Urquelle ist die Liebe; sie ist der Quell von Kraft und Macht.

Wir sind alle miteinander verbunden. Wir sind das große **ICH BIN**, wie eure Schriften Gott nennen. Wenn ich in meiner Botschaft sage: »**Ich bin** Kryon«, dann teile ich mit dieser Aussage mit, dass ich zu dem großen Ganzen gehöre und meine Signatur **Kryon** ist. Wir sind Gott. Du bist ein Teil Gottes und du hast die Kraft und Macht, dich auf deiner Seite des Schleiers bis hoch zu jener Stufe zu entwickeln, auf der du warst, bevor du zur Erde gekommen bist... Und: Du bist grenzenlos geliebt. Jeder von euch ist eine eigene hohe Wesenheit, die, noch bevor sie auf der Erde ankam, zustimmte, genau da zu sein, wo sie jetzt ist. Wir alle zusammen sind eine geistige Gemeinschaft, auch während ihr auf der Erde seid und die Wahrheit vor euch verborgen ist. Obwohl wir eine Gemeinschaft vieler sind, ist LIEBE unsere alleinige Urquelle, der Fokus. Das mag verwirrend erscheinen, doch

Die einzige Urquelle
ist die Liebe.
Liebe ist der Quell
von Kraft und Macht.

nehmt es als Tatsache von höchster Bedeutung, weil es für eure jetzige Zeit etwas Besonderes ist, was es zu verstehen gilt.

Wer seid ihr?

Bevor ich weiter über meine Arbeit zu euch spreche, muss ich innehalten und versuchen zu erklären, wieso manche von euch überhaupt nichts glauben von dem, was sie da gerade lesen: In einer früheren Mitteilung gebrauchte ich eine Analogie, in der ihr als Menschen versucht, einem Erdentier die Funktionsweise eines komplizierten Gerätes zu erklären. So ungefähr ist es, wenn ich euch auf eurer Seite irgendetwas von dem erklären möchte, was auf meiner Seite des Schleiers geschieht. Dies ist, wie es sein soll, und es ist richtig. Tatsächlich wurde sehr viel Arbeit dafür aufgewendet, dass es so ist, wie es ist. Allein mit Hilfe der Kraft eurer Intuition und eurer Unterscheidungsfähigkeit könnt ihr entscheiden, weiterzulesen oder nicht, denn alles andere, was euch zu Eigen ist und eurer biologischen Natur entspricht, wurde durch Eingriffe verändert! Wie ich schon früher sagte, habt ihr Implantate, die euch daran hindern, jemals auf logische Weise diese Seite des Schleiers zu verstehen. Es gibt für euch nur einen einzigen Weg, um diese Seite des Schleiers zu verstehen, nämlich indem ihr eure biologischen Gegebenheiten mit eurer Spiritualität ausbalanciert, sie ins Gleichgewicht bringt. Denn seht, eure spirituelle

Seite ist rein und unbeeinflusst, sie ist noch intakt und ohne jegliche Begrenzungen und Einschränkungen. Mit einem Ausgleich durch die Kraft und Macht eurer spirituellen Seite ist eure biologische Struktur (euer biologisches Bewusstsein und der physische Körper) nicht mehr eingeschränkt in der Reichweite des Verstehens. Viele von euch nennen diese Ausgleichung, diese Balance »Erleuchtung«.

Ich möchte euch gerne ein Beispiel für die Art eurer Eingrenzungen geben. Nicht um euch ein Gefühl von Minderwertigkeit zu vermitteln (denn das seid ihr nicht!), sondern als Übung, um Vernunft und Logik auf das anzuwenden, was ich euch jetzt mitteile. In jedem Menschen sind viele Implantate zur Beschränkung, Eingrenzung und Hemmung des bewussten Denkens eingepflanzt. So habt ihr beispielsweise als Menschen ein Implantat, das euch überzeugt sein lässt, alles habe einen Anfang und ein Ende, einen Beginn und eine Vollendung. Würde ich euch erzählen, dass irgendetwas schon immer **war**, hättet ihr einige Schwierigkeiten damit. Wenn ich euch erzählte, irgendetwas **war immer** und irgendetwas **wird immer sein**, mögt ihr vielleicht sagen, dass ihr versteht - doch ihr könnt es nicht. Euch ist diese Beschränkung implantiert und so meint ihr, bei allem einen Anfang haben zu müssen. Nun kann ich euch diese Beschränkung nicht einfach nehmen, aber ich kann euch veranlassen, eure Wahrnehmung zu hinterfragen, indem ich euch bitte, über Folgendes nachzudenken: Stellt euch vor, ihr steht inmitten einer großen Kugel. Wer kann sagen, wo sie beginnt und wo sie endet?... Oder wo ihre Entstehung ist? Wie kann der Innenraum einer Kugel einen Anfang haben - sie ist dreidimensional! Wenn ihr jetzt einen Stift nehmt und auf der Innenseite der Kugel eine Linie zieht, erklärt sich die Antwort meiner Übung von selbst. Ihr selber erschafft euch einen Anfangs- und einen Endpunkt (dort, wo der Einzelne mit seiner Linie beginnt, und dort, wo er endet), in einer Umgebung, die ursprünglich weder einen Anfang noch ein Ende hat. So stülpt ihr gewissermaßen eure Begrenzungen über etwas, was grenzenlos ist. ***Dies ist so für euch eingerichtet worden.*** Ihr seid darauf eingerichtet, zweidimensional in einem dreidimensionalen Raum zu leben, und euer ganzes Denken spiegelt das wider. Auch seid ihr ständig damit beschäftigt, irgendetwas erschaffen zu wollen... nach Schöpfung zu suchen... Neuschöpfung zu kreieren... - so wirkt euer Implantat.

Dies ist im Zusammenhang mit einer anderen Begrenzung zu sehen, die euch gegeben wurde: Ihr nehmt die Zeit als linear und beständig wahr, in zwei Dimensionen, vorwärts und rückwärts. Da sie nie anhält, könnt ihr nie im **Hier und Jetzt** sein. Erst seit den letzten Generationen realisiert ihr, dass die Zeit relativ ist (und nicht wirklich konstant), doch habt ihr von ihrer dritten Dimenson immer noch keine Vorstellung. Wenn ich euch sagte, dass es die Zeit, so wie ihr sie kennt, in Wirklichkeit gar nicht gibt, würdet ihr wahrscheinlich lachen... Nun denn: Fangt an zu lachen!

Das gesamte Konzept, so wie ihr es versteht, wurde für euch geschaffen, um eure Lernschritte zu ermöglichen und um euch eine lineare, feste Existenzgrundlage während der Lernzeit zu geben. Die konstante, »zuverlässige« Zeit ist ein Konzept der Erde. Auf der Seite, auf der ich mich befinde, existiert eine völlig andere Art von Zeit und alles befindet sich im »Jetzt«. Es ist die dritte Dimension und sie ist vertikal. Wie in der Kugel gibt es weder eine Vergangenheit noch eine Zukunft, nur das Jetzt. Alles reflektiert exakt einen zentralen Punkt, den Punkt, an dem ihr gerade seid.

Ich kenne eure Vergangenheit,
eure Zukunft und eure
Fenster der Gelegenheiten.
Das sind Fenster,
durch die ihr gehen könnt
oder auch nicht.
Aber es sind keine Fenster
der Vorherbestimmung.

In all euren wissenschaftlichen Bemühungen seid ihr auf zweidimensionales Denken beschränkt geblieben. Ihr habt die Balance und Wiederherstellung des Gleichgewichtes, von dem ich sprach, noch nicht entdeckt und noch nicht in eure Wissenschaft mit einbezogen. Die spirituellen Wissenschaften des Universums sind logisch, voraussagbar und gründen auf Zahlen und Formeln, die immer funktionieren. Es ist eine Vermählung des Physischen mit dem Spirituellen und ihre richtige Anwendung führt zu stetigen, folgerichtigen, beobachtbaren Veränderungen. So ist das Wirken meines Dienstes und ich weiß um diese Dinge. Was euch fehlt, ist die Balance mit dem spirituellen Teil. Ist dieses Gleichgewicht einmal erreicht, dann wird es eurer Wissenschaft zu einem spektakulären Sprung nach vorne verhelfen.

In der Entwicklung der nächsten Jahre wird die Menschheit die Gelegenheit erhalten, zu erkennen, welche Ergebnisse aus der Vermählung des Physischen, Mentalen und Spirituellen entstehen, und wirkliche Wissenschaft hervorbringen. Derzeit habt ihr noch keine ***wirkliche Wissenschaft***, nur zweidimensionale Wissenschaft... menschliche Wissenschaft, nicht universelle Wissenschaft.

Der fehlende Teil, die Spiritualität, wurde in den vergangenen Jahrhunderten von eurer Wissenschaft als unwissenschaftlich ausgeklammert. Das Ironische daran ist, dass gerade in der Spiritualität die wirkliche Kraft und das eigentliche Verständnis zu finden sind! Ihr werdet ohne Spiritualität niemals zu ausgedehnten Raumfahrten finden können. Auch ist es ohne sie unmöglich, die Schwerkraft zu verstehen. Ohne Spiritualität werdet ihr nicht die Verwandlung der Materie (Transmutation) beherrschen. Stellt euch vor... wie würde es euch gefallen, all euren nuklearen Müll neutralisieren zu können, sodass eure Kinder damit wieder spielen wie mit Sand. Das ist nicht schwierig, doch es erfordert eine gewisse Fertigkeit, die ihr bisher nicht nutzt. Doch habt ihr jetzt die Kraft, Macht und Erlaubnis, sie zu entwickeln. Ihr habt sie euch verdient!

Von mir aus gesehen, liegt die bisher von euch völlig ungenutzte Kraft und Macht in meinem Wirkungsfeld. Wenn ihr die magnetischen Felder des Planeten versteht und von ihnen richtigen Gebrauch macht, verfügt ihr über enorme Rohenergie-Ressourcen. Alle erforderliche Energie ist vorhanden. Ihr könntet mit Hilfe des Magnetgitters sogar passiv fliegen. Allerdings könnt ihr dies ohne eine ausbalancierte, dreidimensionale Wissenschaft nicht verstehen.

Gegenwärtig sind die Menschen wie winzige Moleküle auf einem gigantischen Magneten, der, wenn richtig eingesetzt, Dinge mit enormer Kraft bewegen kann. Die Menschen sind jedoch gerade erst so weit, dass sie kleine Löcher in die Oberfläche graben, um winzige Eisenstücke zu fördern und aus deren Verbrennung Hitze und Energie zu gewinnen. Ihr seid wie Ameisen, die auf einem Generator sitzen und sich Strom herbeiwünschen. Ihr habt den Wald übersehen, während ihr euch darauf konzentriert, ein einzelnes Laubblatt als Brennstoff zu nutzen!

Ist euch die wiederholte Thematik der **Kraft der Drei** aufgefallen? Hier geht es nicht um Zauberei oder Magie, wie ihr es nennen mögt, sondern um universelle Logik. Die Schwingung der Zahl **Drei** strahlt Kraft und Energie aus. Das Gleichgewicht der **Drei** (Balance von physisch, mental und spirituell) ist für ein erleuchtetes Voranschreiten erforderlich. In der Wissenschaft ist das Erkennen und Wissen um die Zahl **Drei** für die Menschheit erforderlich, damit ihr die euch verfügbare wirkliche Kraft und Macht nutzen und die verbliebenen wissenschaftlichen Geheimnisse lüften könnt. Die Drei verwandelt sich in der Anwendung zur Eins. Das ist schwierig zu erklären, doch stellt euch drei inaktive Teile vor, die miteinander vermischt werden, um einen aktiven Teil zu erhalten. So wird es deutlicher und leichter verständlich. Eure westliche Religion basiert zum großen Teil auf der Vorstellung der Drei-Einigkeit-Gottes. Diese Aussage ist zwar ein wenig von der wahren Bedeutung abgewandelt, aber doch innerhalb des Konzeptes der Kraft und Macht der Drei, die zusammen die Eins bilden, genau zutreffend.

Ich habe euch auch von den drei Teilen meines Namens erzählt, die alle miteinander verbunden meine »Signatur«, mein Zeichen wiedergeben. Einzeln sind sie bedeutungslos. **Die Drei ist sehr wichtig und eine Konstante im ganzen Universum.**

Ebenfalls recht interessant ist Folgendes: Nehmt die einzelnen Buchstaben meines KLANG-Namens KRYON. Setzt für jeden einzelnen Buchstaben entsprechend dem westlichen Alphabet eine Zahl: A = 1, B = 2… u. s. f., Z = 26, dann addiert die einzelnen Zahlen miteinander. Ihr erhaltet das Ergebnis 83, welches wiederum addiert, 8 + 3, die **11** ergibt. Das ist bedeutsam und beschreibt für alle diejenigen, die ein intuitives Wissen von der Bedeutung der Zahlen haben, noch besser, wer ich bin. Aus diesem Grund wählte ich die euch vorgestellte Schreibweise in eurer Sprache. *Die Schreibweise meines Namens kommt nicht von demjenigen, der dies für euch aufschreibt.* Die Zahl **11** will euch von meinem Charakter erzählen. Multipliziert ihr die Zahl mit der Kraftschwingung der Drei, ergibt das **33** und gibt euch Hinweise und Einsicht in meinen DIENST. Ich gebe euch eine wichtige, machtvolle Kraftformel: **9944**. Euer Wahrnehmungsvermögen, eure Erkenntnisfähigkeit und Intuition wird euch schließlich zu ihrer Bedeutung führen. Sie ist wichtig für die Umwandlung von Energie.

Mein Dienst für euch besteht nicht darin, euch in diesen Dingen zu unterrichten. Ich sprach bereits von der Tatsache, dass ich vom magnetischen Dienst bin. Andere sind hier zu dem Zweck, euch bei dem Prozess des Ausbalancierens und bei allen Einzelheiten behilflich zu sein. Alle von uns sind in Liebe hier.

Warum bin ich hier?

Bevor ich euch genau erklären kann, warum ich hier bin, will ich noch mehr über den Weg und die Art, wie die Dinge für euch funktionieren, erklären. Ihr werdet dann meinen Dienst und den Grund meiner Anwesenheit besser verstehen.

Viele werden dies in der Hoffnung lesen, etwas Wertvolles herauszufinden, vielleicht etwas Bedeutungsvolles, etwas, das aus der Sehnsucht der Seele kommt, nämlich die Wahrheit über die Dinge zu erkennen. Das ist euer frisch erwachter Sinn für Spiritualität: Ihr nehmt wahr, dass es im Leben um mehr geht als um Essen und Selbsterhaltung (ein weiteres Implantat). Vielleicht habt ihr schon immer gefühlt, dass da noch mehr ist, hattet aber keine Vorstellung davon, was es sein könnte. Ihr durchlauft in dieser Zeit einen allmählichen Wandel eures Bewusstseins, den ihr euch verdient habt und der eurer Zeit angemessen ist. Setzt eure Suche fort. Sie wird euch zu dem führen, wonach ihr euch eigentlich sehnt: zu dem inneren Frieden aus der Kraft der Liebe.

Die Menschen suchten zu allen Zeiten Gott. Das ist ganz einfach ein Ausdruck des Heimwehs und spiegelt eure fehlende Kommunikations-Verbindung während eurer Schulungszeit. Es ist ein grundlegendes zelluläres Bedürfnis und es ist global.

Die Dinge beginnen sich zu verändern und darum bin ich hier. Die alte Erde, die mittlere Erde und die neue Erde beziehen sich auf drei grundlegende Bewusstseinsstufen der Menschheit seit dem Beginn der »Schulung« auf der Erde. Sie sind nicht mit den menschlichen Zeiteinteilungen zu verwechseln. Wir kommen in der Entwicklung nun zu der vierten und letzten Stufe, welche ein ungeheuer großes Potenzial enthält. Es ist das Zeitalter der Verantwortung oder der Erleuchtung. Es ist die Zeit, in der ihr endgültig die Verantwortung übernehmt.

Eure gesamte Existenz auf der Erde hat einen einzigen Grund: Ihr seid mit der Absicht hier, die Schwingung des Ganzen zu erhöhen. Das ist der übergeordnete Sinn und er ist zu dieser Zeit noch nicht vollständig für euch erklärbar. Eure Anstrengungen und Bemühungen im Verlaufe eurer Inkarnationen (der Zeiten, in denen ihr in Schulung seid) erzeugen eine Energie und bewirken eine Anhebung des Bewusstseins der Erde. Diese Energie ist wertvoll für die Gesamtheit und verwandelt Negativität. Negativität ist die »Abwesenheit von Erleuchtung« und bliebe sie unkontrolliert, würde sie sich immer weiter ausbreiten; außer es gibt Wesenheiten, wie ihr es seid, im gesamten Universum in ununterbrochener Schulung. Aus diesem Grund seid ihr von Bedeutung bei der Veränderung von etwas sehr Großem und Komplexem. Bitte akzeptiert das und nehmt es an. Sehr viel mehr wird euch nicht erklärt werden, solange ihr auf der Erde verweilt. Es handelt sich hier nicht um eine planetare, sondern um eine universelle Information.

Auf der planetaren Ebene war es eure Herausforderung, ohne jegliche Erleuchtung zu beginnen und euch allmählich durch die vielfältigen Lektionen und Inkarnationen bis zur vollständigen Erleuchtung hindurchzuarbeiten. Ihr seid bis hierher dem Pfad gefolgt und werdet nun bald das Ende des gesamten Zyklus erreichen. Nochmals: Ihr erzeugt mit euren Bemühungen während dieses Prozesses Energie für alle anderen von uns.

Als Menschen macht ihr mannigfache Erfahrungen während eurer Lebenszeiten in den verschiedenen Ausdrucksformen und erzeugt dabei die Energie, die es braucht, um die Schwingung des planetaren Bewusstseins auf ihr höchstmögliches Niveau zu heben. Dabei sollte jedes Zeitalter eine generelle Erhöhung des spirituellen Energieniveaus hervorbringen... und das geschah. Vor zwanzig Jahrhunderten hattet ihr euch in der »ersten Welt« das große Geschenk des Meisters Jesus verdient. Auch diese Wesenheit ist im Dienst und ist uns allen im gesamten Universum als eine der höchsten dienenden Schwingungsenergien bekannt. Sein Besuch bewirkte eine sehr starke spirituelle Aktivität auf der Erde und wirkt sich auch heute noch aus. In meiner ersten Botschaft an meinen Partner wird dies eingehender erklärt; desgleichen erklärt sie Jesu Botschaft mit größerer Klarheit, als ich es hier tue *(vgl. Kapitel 6 in diesem Buch)*.

Andere Teile der Erde erhielten ebenfalls Wissen durch andere große Meister, die jeweils im Dienst waren. Die verschiedenen Kulturen erhielten die

»Wahrheit« zu unterschiedlichen Zeiten, immer dann, wenn sie reif und bereit dafür waren, doch es handelte sich um ein umfassendes globales Unterfangen. Das Wissen, das sie alle weitergaben, betraf eure Macht als spirituelle Wesen und eure Beziehung zum Universum. Zu jener Zeit wurdet ihr alle eingeladen, den voll erleuchteten »Teil Gottes« jederzeit bei euch zu tragen und eure letzten Lebensausdrucksformen als erleuchtete Wesen auf der Erde zu beginnen.

In den Jahrhunderten davor ward ihr nicht fähig gewesen, die »volle Ladung« eurer Wesenheit aufzunehmen und mit euch zu tragen, sondern nur einen Teil davon. Energiezentren und Tempel trugen zur Ausbalancierung eurer kollektiven Kraft bei. Die Angehörigen einer eurer lang währenden vergangenen Kulturen trugen die Energie sogar von Ort zu Ort. Die Bedeutung der Tempel war in der uralten Erdgeschichte sehr viel größer als heute, da es sich bei ihnen in der Tat um spirituelle Kraft- und Machtzentren handelte... sie wiesen entsprechende physische Manifestationen auf, um dieses sichtbar werden zu lassen.

Gegenwärtig ist es so, dass ihr zwischen den einzelnen Inkarnationen und Lektionen auf der Erde eine kurze Ruhepause erlebt, in der ihr der Ganzheit begegnet, mit ihr kommuniziert und eure nächsten Erfahrungen, Schulungsschritte und Herausforderungen plant. Oftmals wird euer Plan unmittelbar von den Geschehnissen des vergangenen Lebensausdrucks bestimmt. Ihr habt das »Karma« genannt. Ihr erstellt einen Vertrag oder Plan für eure kommenden Erfahrungen oder Lernschritte, bevor ihr die nächste

Lebensausdrucksform beginnt. Recht häufig inkarniert ihr nur für kurze Zeit, sterbt im Kindesalter oder beendet euer Leben frühzeitig durch eine Krankheit oder einen Unfall. Es mag euch grausam erscheinen oder unlogisch, sich damit einverstanden zu erklären. Aber es ist angemessen, angebracht und in Übereinstimmung mit dem Ganzen. Der Zeitpunkt eurer nächsten Inkarnation wird durch eure Lerngemeinschaft, die Angehörigen eurer Schulungsgruppe bestimmt - von denen einige noch immer auf der Erde sind und einige nicht. Manchmal erfolgen eure Inkarnationen fast ausschließlich zugunsten des Lebensausdrucks eines anderen und sind kurz.

Daraus könnte man schließen, dass es irgendeine Art von Vorherbestimmung gibt. Es gibt keine Vorherbestimmung. Glaubt mir! Das wurde gründlich missverstanden.

Alle Inkarnationen sind wie unbeschriebene, reine Tafeln, die mit einer Schicht (Karma) überdeckt sind, und verschiedene »Türen« bieten sich während des gesamten Zyklus für Handlungen und Aktionen an (Vertragsplan). Das Karma kann oder kann nicht befriedigt werden. Wird es nicht befriedigt, wird es in einer anderen Ausdrucksform, einer anderen Inkarnation, eine weitere Gelegenheit dazu geben. Der Einzelne kann eine der »Handlungstüren«, die ihm der Vertrag bietet, öffnen oder auch nicht; es liegt in der eigenen Entscheidung des Menschen und an seinem jeweiligen Entwicklungsstand. Alles steht mit den anderen Wesen, die eure Ausdrucksform umgeben, in einer Beziehung und einem Zusammenhang. Als planetare Gruppe seid ihr durch viele richtige

Türen gegangen. Ihr habt dies kollektiv auf eurer Seite des Schleiers vollzogen und damit eine Anhebung der Energie des Ganzen bewirkt. Nochmals - ihr seid zu beglückwünschen. Ich kann bezeugen, dass das im Universum nicht immer der Fall ist. Ihr hättet bei mehreren Gelegenheiten versagen können, seid jedoch erfolgreich vorangekommen.

Über meine Arbeit: **Magnetfelder sind für eure Biologie sehr wichtig! Zudem können Magnetfelder auf euer spirituelles Bewusstsein einwirken (und sie tun es). Das magnetische Feld eures Planeten ist für eure biologische Gesundheit erforderlich und auf euren spirituellen Plan sehr fein angepasst und abgestimmt.**

Das Magnetfeld eures Planeten ist mit großer Sorgfalt im Hinblick auf eure Gesundheit und eure Lektionen erstellt worden. Seht euch um. Wie viele andere Planeten mit Magnetfeldern findet ihr noch? Ein Magnetfeld ist keine natürlich auftretende Kraft. Es wurde absichtsvoll und mit Bedacht eingerichtet. Noch könnt ihr euch nicht weit genug oder lange genug von eurem Planeten wegbewegen, als dass euch diese Tatsache klar sein kann, aber wenn ihr euren Planeten verlasst, müsst ihr ein Feld mitnehmen, um körperlich und geistig gesund zu bleiben, und dieses Feld muss genau stimmen. Es ist die Basis für menschliches Leben. Wenn ihr einen anderen Planeten mit einem Magnetfeld findet, dann ist das ein deutlicher Hinweis auf das Vorhandensein von biologischem Leben oder dessen zukünftige Entstehung. Oder es ist ein Zeichen dafür, dass dort schon einmal biologisches Leben existierte. Gleichgültig, welche aktuelle biologische Form dieses Leben tatsächlich hat - es muss polarisiert sein, wenn es eine spirituelle Bedeutung haben soll. Beachtet Folgendes: Je weiter entfernt das magnetische Feld von der Rotationsachse des Planeten ausgerichtet ist, desto erleuchteter ist die Lebensform. Das ist einfach ein Teil des Prozesses und ist ein Zeichen, nach dem man Ausschau halten kann.

Ihr seid umgeben von Elektrizität und allmählich beginnt ihr, euch der negativen Auswirkungen künstlich erzeugter Magnetfelder auf eure Gesundheit bewusst zu werden. Ihr solltet eure Körper von allen künstlichen Magnetfeldern abschirmen. Ihr verfügt über die nötige Technik und könnt euch schützen. Einige der für eure reichen westlichen Gesellschaften typischen Krankheiten sind eine direkte Auswirkung der vielen Magnetfelder um euch herum.

Seit Jahren wisst ihr, dass die wesentlichen Denkvorgänge in eurem Gehirn elektrischer Natur sind (und darum auch magnetische Eigenschaften haben). Daher versteht ihr auch, dass euer gesamter biologischer Körper von den Nerven bis zu den Muskeln elektrochemisch funktioniert. Jedes Organ in eurem Körper ist magnetisch »ausgeglichen« (polarisiert) und reagiert empfindlich auf Felder von außen. Erkrankungen des Gehirns, der Schilddrüse, des Herzens, der Nieren und Nebennieren lassen magnetische Störungen vermuten. Medial begabte Menschen »lesen« euer persönliches Magnetfeld (ihr habt alle ein persönliches Magnetfeld), genauer gesagt, sie nehmen die Ausgeglichenheit eures Feldes wahr. Und eure Ärzte befestigen routinemäßig Kabel an eurem

Körper, um eure elektromagnetischen Impulse aufzuzeichnen.

Bitte versteht, dass euch zu schützen das Beste ist, was ihr für euch tun könnt. Lasst die magnetischen Eigenschaften des Planeten für eure Gesundheit sorgen. Benutzt keine künstlichen Methoden, um einen Ausgleich herzustellen. Haltet euch von großen statischen oder elektrisch angetriebenen Magneten fern. Besonders wichtig ist, dass ihr eure Schlafstellen untersucht und alle magnetischen Geräte in eine Entfernung von mindestens drei Metern stellt. Das können elektrische (an das Stromnetz angeschlossene) Uhren, Fernsehgeräte, Aufnahme- und Abspielgeräte, Lautsprecher, Heizgeräte und Ventilatoren sein. Benutzt keine elektrischen Heizdecken. Benutzt keine Heizvorrichtungen im Bereich eines Wasserbetts. Motorbetriebene Geräte sollten nicht in eurer Nähe sein und sollten abgeschirmt werden. Vergewissert euch, dass eure künstlichen Stromnetze und Stromanschlüsse nicht direkt über oder nahe bei euren Schlafstellen verlaufen.

Etwas, das euch eigentlich klar sein könnte, jedoch ebenfalls durch eure Implantate vor euch abgeschirmt wurde: Der Magnetismus ist gewissermaßen das Kissen, in das menschliches Bewusstsein und die menschliche Biologie während ihrer gesamten Existenz eingebettet sind. Es wurde mathematisch berechnet und entworfen (und es steht in Wechselbeziehung zu eurem Implantat-System). Hättet ihr das auf diesem Planeten schon früher entdeckt und geglaubt, hättet ihr viele eurer heutigen Krankheiten verstehen und inaktivieren können. Ihr müsst das, was ihr eurem Körper zuführt, magnetisch ausbalancieren! Wie konntet ihr das übersehen? Würdet ihr große Magneten in einen fein abgestimmten polarisierten Bereich bringen? Die Immunkrankheit, mit der ihr zurzeit auf der Erde zu tun habt, ist auf magnetischem Weg unter Kontrolle zu bringen. Versucht ihre magnetischen Eigenschaften zu verändern und beobachtet, was geschieht. Repolarisiert sie wieder und prüft dann ihre Potenz, ihre Virilität. Ihr werdet überrascht sein!

> Für die Anwesenheit eines jeden von euch gibt es einen Grund: Ihr seid hier in der Schulung, um die Schwingung des Ganzen zu erhöhen.

Angesichts all dessen: Wundert ihr euch dann noch, wenn ich euch über die Wichtigkeit des magnetischen Feldes der Erde informiere?

Ich bin Kryon vom magnetischen Dienst. Ich habe das Magnetgittersystem eures Planeten erschaffen. Die Erstellung eures Gittersystems nahm Äonen der Erdenzeit in Anspruch. Es wurde wieder und wieder ausgerichtet und an die physischen Schwingungen eures sich entwickelnden Planeten angeglichen. Während meiner ersten Anwesenheit wurde das, was ihr als positive und negative Erdpolarität wahrnehmt, viele Male verändert. Eure Wissenschaft kann das beweisen: Sucht nach Bodenschichten, die durch den Lauf ihrer Entwicklung so genannte »Sprünge« in der Nord-Süd-Polarität der Erde aufzeigen (vielfache Umdrehungen der Nord- und Südpolarität der Erde; es war nicht die Erde, die sich drehte, sondern die Polarität). All das geschah lange, bevor es euch möglich war, auf der Erde zu existieren. Der Autor assistierte mir damals und war zu der Zeit ebenfalls ein Dienender im Bereich des Magnetismus. Seine Verbindung mit mir ist teilweise der Grund dafür, warum ich heute durch ihn spreche.

Seither war ich noch während zweier anderer Zeiten hier und habe größere globale Anpassungen vorgenommen. Die jetzige Anpassung ist die dritte und es ist mein vierter und letzter Besuch. Die letzten beiden Anpassungen waren erforderlich und angemessen, um für euer Wachstum Raum zu schaffen. In beiden Fällen wurde zu diesem Zweck die Menschheit ausgelöscht. Jedes Mal verblieben einige Wesenheiten, um die Fortpflanzung der biologischen Körper zu garantieren.

Das mag hart für euch klingen, aber es war richtig und geschah in vollständiger Harmonie und Liebe. Ihr alle habt dem im Voraus zugestimmt. Es war eine Gelegenheit zum Feiern, denn es stellte Meilensteine im Wachstum der Erde dar! Ich bin nicht hier, um euch mitzuteilen, dass die dritte Anpassung euer Leben auf der Erde beendet - doch ohne ein gewisses Verständnis werden viele unter euch ihr Leben selber beenden. Die dritte Anpassung hat schon begonnen... und diejenigen unter euch, die Dinge wie die Bewegung des magnetischen Nordens (Nordpol) verfolgen, werden wissen, wovon ich spreche.

Über die Endzeit*

Viele von euch, die mit meiner Seite des Schleiers in Berührung sind, haben das, was ich tue, vorausgesehen; doch weil die Kommunikation bestenfalls schwierig war, habt ihr nicht den korrekten Plan gesehen. Die Informationen waren korrekt, aber die Gedankenpakete, die ihr empfangen habt, führten euch zu Schlussfolgerungen, die auf bruchstückhaftem Verstehen beruhen und nicht die eigentlichen Fakten darstellen. Eure medialen Visionen handelten von einer Art »Kippen der Erde«. Nichts dergleichen steht bevor. Ein auch nur leichtes Kippen der Erde würde zum jetzigen Zeitpunkt zu einer verheerenden Zerstörung der Menschheit führen. Ozeane würden sich über Landmassen ergießen, die Erdkruste würde sich gewaltsam aufbäumen, der Mond würde die nun freiliegenden, schwächeren Gebiete anziehen und die Oberfläche buchstäblich aufwühlen und euer Wetter würde sich dramatisch ändern. Neu aktivierte Vulkane würden überall aufschießen und das Leben der Menschheit wäre auf der Erde beendet. Woher ich das weiß? Ich habe diesen Vorgang beim ersten Mal beobachtet! Sicherlich wird es Überschwemmungen, Erdbeben und Vulkanausbrüche in der Zukunft geben... manche davon als Reaktion auf

* Kryon spricht hier ganz deutlich über die Endzeit. Ich habe aber der Wortwahl ZEITEN-ENDE im deutschsprachigen Titel zugestimmt, weil ich für den deutschsprachigen Raum die emotionale Betroffenheit in Bezug auf den Begriff Endzeit wahrnehme. Angst ist kein guter Lehrmeister und es gibt nichts zu befürchten. – *Kommentar von Lee Carroll*

meine neuerliche Arbeit. Diese Geschehnisse werden jedoch nicht das Leben der Bevölkerung auf der Erde beenden. Sie werden jedoch an ungewöhnlichen Stellen auftreten.

Nutzt euer Wahrnehmungsvermögen, eure Unterscheidungskraft und eure Intuition, die euch auf eurer Zellebene zu Eigen ist. Euer höheres Bewusstsein, euer »Gott-Selbst«, wird euch helfen, eine Antwort zu finden: Denkt ihr, dass die Menschheit durch die ganze Erdengeschichte hindurch bis an das Ende dieses Zyklus, bis zur Erleuchtung des höheren Bewusstseins gebracht wurde, um von einer Welle oder einem Felsbrocken erschlagen zu werden? Was wäre das für ein Abschluss? Meint ihr nicht auch?

Nein. Das Kippen, das vorausgesehen wurde, ist mein Job. Es ist ein magnetisches Kippen zur Neuausrichtung des Gitternetzes der Erde, um es für eure Abschlusszeit anzupassen. Im Grunde erhaltet ihr eine korrekt abgestimmte magnetische Hülle für die Existenz und das Leben ausbalancierter, ausgeglichener, erleuchteter Menschen. Euer magnetischer Nordpol wird nicht mehr auf den geographischen Norden ausgerichtet sein. Er war es, wie ihr wisst, eigentlich auch gar nie, doch die Abweichung wird nun beträchtlich werden.

Warum ist das jetzt wichtig und bedeutsam? Die Bedeutung liegt für die Menschen darin, dass diejenigen, die nicht darauf vorbereitet sind, auch nicht in der Lage sein werden, damit umzugehen. Manche werden bleiben und diejenigen, die das nicht können, werden wiedergeboren werden und mit einer stimmigen Ausrichtung zurückkommen. Was dabei mit eurer Gesellschaft geschieht, gehört zu dem negativen Teil meiner Botschaft an euch.

Mein Arbeitsprozess wird zehn bis zwölf Jahre an Erdenzeit in Anspruch nehmen. Die allmähliche Anpassung vollzieht sich von jetzt* bis zum Jahre 2002. Etwa um das Jahr 1999 solltet ihr genauer wissen, wovon ich jetzt spreche. Die Regierungen werden von machtvollen Menschen geführt... nicht alle von ihnen sind erleuchtet. Ihre Unfähigkeit, mit dem Bewusstseinswandel umzugehen, könnte sie aus dem Gleichgewicht bringen, woraus Chaos entstehen könnte.

Euch wird aufgefallen sein, dass ich »könnte« sagte. Tatsache ist, dass ihr hier eine reale Möglichkeit für Veränderung habt. Mit den Anpassungen des Magnetgitters wird euch in den nächsten Jahren mehr Erleuchtung gegeben. Wie ich euch schon zuvor sagte, sind eure euch einschränkenden Implantate auf meine Gitter ausgerichtet. Die Veränderung des Gitternetzes der Erde wird euch von bestimmten Einschränkungen befreien und ihr werdet von da an in einem bisher nicht gekannten Maße fähig sein, euer Tun zu kontrollieren. Zum ersten Mal werdet ihr vollständig die Kraft erfassen, die durch die Energie der Liebe entsteht, und sie für die Heilung des Planeten einsetzen können. Ihr werdet ebenso fähig sein, diese Energie derart zu fokussieren, dass Negatives sich in Positives verwandelt. Dies hat eine Harmonisierung vieler Einzelner zur Folge, die früher keine Chance gehabt hätten, in der Phase des Übergangs hier zu bleiben.

* Ende 1991 – *Anm. d. Übers.*

Ehe ich fortfahre, halte ich hier inne, weil ich andauernd von meinem Partner unterbrochen werde. Er möchte etwas über die Bedeutung der dreifachen Sechs oder eurer Zahl 666 wissen, die für den Anti-Gott oder Anti-Christen der Endzeit steht. Außerdem möchte er etwas über das »Zeichen des Tieres« wissen*. Dieses »Zeichen« wurde von Menschen schon mit allem Möglichen gleichgesetzt, wie den staatlichen Steuer-/Arbeitsnummern... bis hin zu den Computer-Strichcodes auf Einkaufspackungen in euren Geschäften. Tatsächlich handelt es sich um etwas viel Grundlegenderes: Es ist die magnetische Balance eures biologischen Codes auf der Zellebene (DNS)! Alle unter euch, die ausbalanciert - im Gleichgewicht - sind, sind neutral. Diejenigen, die nicht ausbalanciert sind, sind »gekennzeichnet« für eine Veränderung (auch wenn das zu jeder Zeit umgewandelt werden kann). Die »Bestie« oder auch das »Tier«, wie es genannt wird, ist das unerleuchtete Selbst in jedem von euch. Es erhielt diesen Namen aufgrund der möglichen Handlungsweisen unbalancierter, unausgeglichener Führer während der Zeit der Neuausrichtung... wie eine »Bestie« unter euch, die den Frieden verschlingt. Daher tragen die Unbalancierten, Unausgeglichenen das Zeichen der potenziellen Bestie.

Das mag jenen unter euch, welche das medial empfangene, gechannelte Buch der Offenbarung in der christlichen Bibel studiert haben, irgendwie verdreht erscheinen - aber jetzt habe ich eine Offenbarung für euch: Dieses alte Channeling war ***mit Absicht*** in un-

* vgl. Offenbarung des Johannes, 13, Vers 16-18 - *Anm. d. Übers.*

klarer und verwirrender Form gehalten, **da keine einzige Wesenheit im ganzen Universum je voraussagen konnte, wie eure bevorstehende Prüfung tatsächlich ausgehen wird!** Es gibt mehrere mögliche Ergebnisse für euch und in diesem Buch der Schrift werden ***alle möglichen Szenarien*** für die Endzeit der Erde aufgezeigt - kein Wunder, dass die Auslegung schwierig ist - ein »kosmischer Witz«. Die Bedeutung der 666 liegt darin, dass sie eine getarnte 9, eine Phantom-Neun, ist. Die Zahl 9 versteckt sich in der dreifachen 6 in vielerlei Weise, sozusagen an jeder Ecke, und sie repräsentiert die Energie eurer jetzigen Zeit. Die 9 beschreibt die Schwingung der Balance, Kraft-Macht, Stärke und Liebe. Sie signalisiert ebenso die Vollendung. Addiert ihr die drei Sechser, erhaltet ihr 18, was wieder zur 9 addierbar ist. Multipliziert man die so entstandene 9 mit der Kraft- und Machtzahl 3, um weitere Informationen zu erhalten, (so wie ihr es zuvor schon mit dem TON meines Namens getan habt), ergibt das 27 und die Quersumme von 27 ist wieder 9. Wollt ihr die dreifache Sechs als eine mit sich selbst multiplizierte Zahl verstehen, 6×6×6 (oder sechs hoch drei), erhaltet ihr 216, die wiederum als Quersumme 2+1+6 = 9 ergibt. Die Schwingung der 9 ist die Schwingung jener, die ***ausgeglichen sind und bleiben***. Die 666 ist keine Zahl, die man fürchten müsste. (Es gibt keine Zahlen, die zu fürchten sind. Zahlen geben uns wichtige Informationen und sind ein wunderbares dreidimensionales Instrument - wovon ihr gegenwärtig nur zwei Dimensionen gebraucht.) Sie sind mathematisch, stehen jedoch für Energie und machen diese sichtbar.

Die Bedeutung der drei 6er zusammen ist folgende: Jede 6 repräsentiert eines der drei mathematisch auf der 6 basierenden Systeme der Erde:

1. Die erste 6 ist die **Zeit**. Dieses fundamentale Sechser-System wurde von der Erdrotation abgeleitet und ihr verwendet es getreulich seit seiner ursprünglichen Entdeckung.
2. Die zweite 6 repräsentiert das **magnetische Kompass-System** von 360 Grad, ebenfalls abgeleitet und entwickelt aus einer physikalischen Gegebenheit der Erde, ihrer Kreisform. Beachtet, dass auch der Kompass ein »Kreis von 9ern« ist. Jeder der acht 45-Grad-Punkte lässt sich zu einer 9 addieren. Die an den acht Punkten einander gegenüber liegenden Zahlen ergeben ebenfalls 9 (360+180, 45+225, 90+270 etc.). Warum die gegenüber liegenden Punkte addieren? Wenn ihr lange genug in eine Richtung reist, werdet ihr euch wohl schließlich wieder an dem Ort eurer Abreise befinden. Euer Weg wurde zu einer den Globus umkreisenden Linie. Um eine Richtung zu bestimmen, muss man also beide magnetischen Grad-Angaben beachten, da die Linie weder Anfang noch Ende hat.
3. Das letzte fundamentale 6er-System ist die **Schwerkraft**. Wenn ihr in der Lage seid, sie zu berechnen und zu beeinflussen, werdet ihr entdecken, dass sie gleichfalls auf der Sechs basiert.

Das Schreckgespenst von einem Menschenwesen, das die Macht der Finsternis auf Erden repräsentiert und mit einer teuflischen Zahl auf dem Kopf gekennzeichnet ist, ist keine gechannelte Botschaft. Es wurde vielmehr von Menschen für menschliche Zwecke geschaffen. Die Vorstellung vom »Anti-Christen« entstand aus der Tatsache, dass die Unausgeglichenen, Unbalancierten die unerleuchtete Energie beherbergen, welche konträr zur großartigen Liebesbotschaft des Meisters Jesus ist.

Erinnert euch, ihr könnt euch von allen alten Vorstellungen bezüglich der Endzeit entfernen und lösen. Falls ihr Angehörige des christlichen Glaubens seid, bitte ich euch, eure Augen weiterhin auf Jesus, den Lehrer, zu richten und in vollkommener Liebe um Führung zu bitten, um Führung, die nicht auf menschliche Lehren und Doktrinen gegründet ist, sondern auf Gottes Weisheit. Bittet und betet um Erkenntnis, Unterscheidungsvermögen und Frieden. Die Liebe wird euch hindurchführen. Nun gibt es eine große Gefahr für euch. Menschen werden euch Schaden zufügen, wenn ihr nicht vorsichtig seid. Ruft nach der euch so vertrauten Kraft und Macht der Liebe und nutzt sie! Bittet um geistige Führung (der Heilige Geist) bezüglich der Wahrheit über die Endzeit und das, was ihr tun sollt. Studiert das »Ereignis von Jonestown«* in eurer jüngsten Geschichte und lernt daraus.

Die Anpassungen, die ich jetzt vornehme, werden sich mit Sicherheit auf euch alle auswirken, sodass sich für alle Menschen einiges ändern wird. Wie ich schon zuvor erwähnte, wird die Gesellschaft der Erde

* Massenselbstmord einer Sekte in Guayana, bei der die Menschen blind den Anweisungen eines Führers folgten – *Anm. d. Übers.*

veranlasst, sich zu verändern, unmittelbar ausgelöst durch die Aktionen und Handlungen der Regierungen, die die Entscheidungsbefugnis für die Gesamtheit haben. Die Länder, deren Wirtschaftssysteme sich weitgehend selbst regulieren, könnten am meisten davon betroffen sein. Ein selbstregulierendes Wirtschaftssystem bedarf gegenseitiger, kollektiver Abmachungen und eines starken Vertrauens in die Führung einer Regierung. Wenn diese Faktoren wegfallen, ist der Zusammenbruch sicher. Diejenigen von euch, die in der so genannten ersten Welt leben, sollten wachsam sein. Ausgeglichene Wesenheiten, Menschen in Balance, werden nun auf kraftvollen Wegen zu ihrer Macht finden, aber sie sollten in wirtschaftlichen, ökonomischen Angelegenheiten umsichtig sein. Traut den Geld- und Währungssystemen eurer Regierungen während dieser Zeiten der Veränderungen nicht. Wechselt eure persönlichen Zahlungsmittel in die einfachste Form um. Betreibt Tauschhandel, wo ihr könnt, und verlasst euch nicht auf irgendwelche Geldinstitute. Ihr braucht nicht vor euren Regierungssystemen zu fliehen oder euch davor zu verstecken, sofern ihr nicht wirklich in eurer Existenz bedroht seid. Steht die Veränderungen durch und haltet euch an die positiven Prinzipien, die es ermöglichen, dass sich die Menschen zum Wohle der Mehrheit selbst organisieren, mit Liebe und Toleranz für die Minderheit.

Das sind Empfehlungen für euren Schutz und sie kündigen nicht notwendigerweise schreckliche Zeiten des Überlebenskampfes oder einen Holocaust an. Es gibt auch gute Nachrichten: Ich kam im Jahr 1989, um mit meiner Arbeit zu beginnen. Aber noch bevor Änderungen vorgenommen wurden, hattet ihr bereits begonnen euch zu verändern. Das ist ein deutliches Zeichen für eine stimmige Zeitplanung und dafür, dass ihr »auf gutem Kurs« seid. Auf meine ersten grundlegenden Veränderungen habt ihr weltweit auf positive Weise reagiert und viel von dem neuen Bewusstsein in euch aufgenommen. Ihr sollt wissen, dass wir euch dafür ehren. Es gibt kein besseres Zeichen für globale, weltweite Erleuchtung als 1. der Wunsch nach Toleranz, 2. der Wunsch nach Frieden und 3. die Beseitigung von allem, was den Punkten 1 und 2 im Wege steht.

Habt ihr die Kraft der 9 in meinem Ankunftsjahr bemerkt? Die 666 mit ihrer verborgenen Bedeutung hat es vorhergesagt. Jeder, der Erkenntnisvermögen hat, hätte leicht auf das Anfangsjahr meiner Arbeit mit euch hinweisen können und viele taten es.

Ihr habt zu der Zeit auch einen kleinen globalen Krieg erlebt*, der einzig und allein von einem Wesen ausgelöst wurde, das nicht in Harmonie war. Dieser Krieg war global in dem Sinne, dass zum ersten Mal alle Staaten sofort darin verwickelt waren und sich miteinander um eine Lösung bemühten. Das Wesen, das den Konflikt verursachte, zeigte euch deutlich die erwähnte unlogische Reaktionsweise eines unerleuchteten (unausgeglichenen) Menschen auf die neue Ausrichtung des Magnetgitters. Es reagierte sehr empfindlich auf die bereits vollzogenen Veränderungen und es reagierte vor aller Augen. Das ist die Ge-

* Der Golfkrieg 1991 – *Anm. d. Übers.*

fahr, von der ich spreche, der ihr begegnen und die ihr bannen könnt. Beachtet auch, dass dieser Konflikt bei vielen Menschen zur Beendigung ihres Zyklus geführt hat. Hier ist wahrhaftig das »Tier« am Werk, gewillt, den Frieden zu fressen. Das ist die »Anti-Christ«-Energie, von der ich sprach.

Wie könnt ihr persönlich auf Kurs bleiben? Was könnt ihr nun tun?

Was ich euch im Folgenden sage, ist das Wichtigste überhaupt.

Die Liebes-Verbindung

LIEBE IST KRAFT UND MACHT! Euer Wort »Liebe« ist unzureichend und arm im Vergleich zur Wirklichkeit. Andere Sprachen der Erde haben wenigstens mehrere Wörter für diese Energie. Liebe ist nicht nur ein Wort oder ein Gefühl. Liebe ist eine Macht- und Kraftquelle! **Sie ist Energie.** Ihr könnt sie anrufen, ihr könnt sie an- und abstellen, ihr könnt sie speichern, aussenden und für viele Zwecke fokussieren. Liebe ist immer verfügbar, versagt nie und wird euch niemals im Stich lassen. Liebe ist das Versprechen des Universums! Sie ist der gemeinsame Faden, der durch alles hindurchläuft.

Es ist an der Zeit, dass ihr beginnt, dies zu erkennen... Und ich meine das im universellen Sinne, es ist wirklich eure Zeit! Endlich habt ihr die Erlaubnis, diese Kraftquelle zu verstehen und zu gebrauchen, und ihr habt es euch verdient!

Vielleicht fällt es euch leichter, die wahre Kraft und Macht der Liebe zu verstehen, wenn ihr anstelle des Wortes Liebe das Wort »Gott-Quelle« gebraucht. Wir sind eine Gemeinschaft von vielen, aber die Kraftquelle ist eine. Das heißt, dass wir alle gemeinsam ein »Einssein« teilen, dass wir Eins sind in dieser Kraft. Das ist vergleichbar mit der Elektrizität, die euch vertraut ist. Beachtet, dass das Gemeinsame an euren Stromnetzen immer die Erdleitung ist. Egal, wozu die Leitung dient oder wie stark sie ist, sie hat immer einen Rücklauf - ein »Einssein« in einem weit verzweigten System.

Die göttliche Quelle der Liebe, die »Gott-Quelle«, ist die Kraft, die ihr empfangt, wenn ihr Gott aus irgendeinem Grund anruft. Jede Wesenheit, die mit Worten oder auf sonst eine Weise für irgendetwas Spezielles um die Kraft und Macht Gottes bittet, empfängt aus dieser liebenden Gott-Quelle. Sie reagiert entsprechend der Bitte und wird angemessen antworten. Angemessen bedeutet, dass sie in Übereinstimmung mit den universellen Gesetzen auf den Ruf reagieren wird. Erleuchtete, ausgeglichene Menschen, Menschen in Harmonie, sind besonders befähigt, die liebende Gott-Quelle anzurufen. Diese Menschen waren schon immer wie helle Pfade durch einen ansonsten undurchdringlichen, dichten Schleier. Durch die Jahrhunderte waren die meisten dieser einzelnen Menschen religiöse Führer und die Liebe war die Basis ihres Lebens. Ihre ehrliche, aufrichtige Liebe zum Universum, zu den Menschen um sie herum und ihre Toleranz gegenüber den individuellen Prozessen und dem Karma der anderen war der Schlüssel ihrer Balance. Tatsächliches Wissen, »wie die Dinge funktionieren«, war immer (und ist noch immer) unwichtig. Heilige Menschen in Indien, China, Syrien, Israel und anderswo haben dieselbe Verbindung zur göttlichen Kraftquelle wie ein christlicher Prediger in einer Versammlung mitten in Amerika.

Warum erzähle ich euch das? Damit ihr versteht, dass es nur die eine einzige Quelle gibt!... Und sie ist euer, so wie noch nie zuvor. Mit den Anpassungen, die ich vornehme, kann eure spirituelle Seite zum Höhenflug ansetzen! Ihr werdet das Gefühl vollkommener Ausrichtung erfahren, das Gefühl, endlich nach Hause zu kommen. Das bedeutet: **Die Wesenheit, die du bist, wird sich zum ersten Mal als das erkennen, was sie wirklich ist: ein Teil Gottes.** Ein Teil mit einem Namen, den alle kennen; ein Teil, der nie zerstört werden kann, dem nie etwas hinzugefügt und nie etwas weggenommen werden kann. Könnt ihr euch vorstellen, wozu ihr nun fähig sein werdet?

> Jede Wesenheit, die mit Worten oder auf sonst eine Weise für irgendetwas Spezielles um die Kraft und Macht Gottes bittet, empfängt aus dieser liebenden Gott-Quelle.

Transmutation

Ruft diese liebende Gott-Quelle an, um den Planeten zu heilen und ins Gleichgewicht zu bringen. Wenn ihr das tut, sind die *Ergebnisse garantiert.* Versammelt euch mit ähnlich ausbalancierten Menschen und richtet eure Energien entsprechend gemeinsam aus. Widmet einen Teil der Meditation der Absicht, Anweisungen zu erhalten. Harmonisiert die Meditation anschließend durch Gebete an die Liebesquelle, um die erforderliche Energie zu erzeugen. Verschwendet keine Zeit mit der Gründung von Institutionen mit Strukturen, Mitgliedschaften und Geschäftstätigkeit. Begrenzt die Organisation auf ein Minimum und legt die Betonung auf die Arbeit! Das ist maßgeblich und entscheidend.

Lehrer

Schenkt denen besondere Aufmerksamkeit, die zum ersten Mal ins Gleichgewicht kommen! Aufgrund meiner Arbeit werden es viele sein. Lehrt die Neuen, wer sie sind und wie sie ihren inneren Frieden finden können - wie sie sich selbst lieben können durch das Wieder-Erkennen des Wesens, welches sie wirklich sind. Der spirituellen Erleuchtung wird die psychische Ausgeglichenheit folgen. Gebt der Einfachheit in euren Lehren besonderen Raum. Erinnert euch, dass das, was ihr heute seid, ein Ergebnis jahrelangen allmählichen Erkennens ist und dass die Neuen das nicht alles auf einmal aufnehmen können. Sie kommen aufgrund der Liebe, die sie wahrnehmen... angezogen von dem neuen Bewusstsein. Erinnert euch immer daran, dass euer vorrangiges Bemühen darin liegen sollte, die Balance, das Gleichgewicht durch Liebe zu lehren. Es ist nicht erforderlich, das universelle »Funktionieren der Dinge«, so wie ihr es kennt, zu lehren.

Lasst die Menschen in Frieden gehen, ohne ihnen etwas aufzuzwingen. Sie werden genügend ausgeglichen sein, um weiterzumachen. Manche werden für eine weitere Ausbildung bei euch bleiben, sodass sie sich an der Transmutations-Arbeit beteiligen können.

Den Erleuchteten, die zu euch kommen, gebt die Botschaft von der neuen Ausrichtung und ihrer Bedeutung - einschließlich ***aller*** Botschaften, die hier enthalten sind.

Lehrt Toleranz für den menschlichen Prozess! Das alleine wird mehr Verwandlung von Negativem zu Positivem bewirken als alles andere, was ihr tun könnt. Toleranz ist das Resultat einer Ausgewogenheit in Liebe. Übt Toleranz mit euch selbst, um klar zu bleiben.

Ehrt die anderen Lehrer, die ebenfalls Informationen empfangen, und fühlt euch niemals geringer als irgendein anderer. Neue Informationen werden viele Menschen simultan erreichen und sie gehören nie irgendeinem Einzelnen allein.

WICHTIG! An die Lehrer: Eure Arbeitsmittel und Instrumente werden bald nicht mehr genau sein! Diejenigen von euch, die festgelegte Systeme mit universellen Regeln und Gesetzmäßigkeiten benutzen, müssen ihre Tabellen und Regelwerke anpassen. Ich werde euch in der nächsten Botschaft mehr Informationen dazu geben. Auch solltet ihr zur Kenntnis nehmen, dass es aufgrund der neuen Kräfte in dieser Zeit jedem ausgeglichenen Wesen erlaubt ist, über die karmischen Gegebenheiten und über jedes andere vorhandene, festgelegte magnetische Geburtsimplantat hinauszugehen. Diese neue Kraft und Macht ist von signifikanter Bedeutung und ihr könnt sie einsetzen, um eure Hindernisse aus dem Weg zu räumen und ein viel längeres Leben zu leben.

Heilung

Heilt die Kranken! Ihr habt das Recht zu dieser Arbeit und es steht euch schon seit Jahren zur Verfügung. Viele von euch tun diese Arbeit bereits, doch keiner unter euch ruft die liebende Gott-Quelle mit den gleichen Ergebnissen an, wie sie manch andere religiöse Führer erzielten. Zeigt eure Kraft und Macht! Sie ist für alle da. Heilt die Kranken, indem ihr die Organe harmonisiert. Die liebende Gott-Quelle wird, wenn die Heilung angemessen ist, entsprechend reagieren.

Ich habe meinem Partner schon mehr Informationen darüber gegeben, wie dieser Heilungsprozess vor sich geht, aber hier folgt etwas Grundsätzliches: Die beste Methode ist von Mensch zu Mensch. Eure spirituelle Wesenheit kommuniziert dabei auf einer spirituellen Ebene direkt mit der anderen Wesenheit. So kann durch eine unmittelbare, logische Kommunikation von dem klaren, ausbalancierten Selbst zu dem im Physischen unbalancierten Selbst die Erlaubnis weitergegeben werden, sich aus dem Karma zu lösen und das zur Verfügung stehende »Handlungsfenster« zu benutzen. Wenn es stimmig ist, wird der Unbalancierte die körperliche Ausgewogenheit erhalten und geheilt werden. So einfach ist das! Erinnert euch, alles ist an seinem Platz. Einige werden zu euch kommen, um geheilt zu werden, weil jetzt für sie der richtige Moment ist. Es ist beabsichtigt, dass sie kommen und Heilung empfangen. Es liegt in eurer Verantwortung, eure Kraft anzunehmen, um dabei zu helfen, die Absicht zu erfüllen. Alles ist mit allem verbunden. Andere werden kommen, die noch nicht bereit sind. Sie haben noch Arbeiten zu erledigen und dazu gehört es möglicherweise auch, krank zu bleiben. Es ist nicht an euch, das zu wissen. Übernehmt die Verantwortung nur für den Heilungs**prozess**. Übernehmt keine Verantwortung für das, was wie eine gescheiterte Heilung erscheint. Das liegt bei Gott, nicht bei euch. Seid achtsam: Begrenzt die Heilung nicht, um die ihr bittet. Die Liebesquelle hat keine Begrenzung. Es ist möglich, Materie zu erschaffen, wo vorher keine war, biologische Verbindungen und Bahnen wieder herzustellen oder einfach das System für eine bessere Gesundheit auszubalancieren. Eure »Wunder« sind logische, folgerichtige Anwendungen der liebenden Gott-Quelle. Wenn ihr etwas über die Umwandlung der Materie lernt, werdet ihr wissen, was ich meine. Was heute für euch Magie ist, wird morgen alltäglich sein. Benutzt die Kraft!

Das Geschenk erfahren

Lernt auf eurer persönlichen Ebene die Liebes-Quelle zu jeder Zeit, wenn ihr es wünscht, selbst zu »fühlen« oder zu erfahren. ***Das ist euer neues Recht.*** Sie wird euch den notwendigen Frieden bringen, um durch all das hindurchzugehen, was kommen wird. Ihr könnt sie vom Erwachen am Morgen bis zu eurem Zubettgehen in der Nacht jederzeit bei euch haben. Stellt euch vor, was das für euch bedeuten kann! Je mehr Zeit ihr mit diesen Erfahrungen verbringt, desto leichter wird es euch fallen, ein klarer Kanal für unsere Informationen sowie für euer Lehren, Beten und Heilen zu sein.

Euer Wort »Liebe« ist jetzt im Zusammenhang mit »Gefühl« richtig. Die Liebe Gottes ist als Gefühl für die Menschen nicht neu. In den Schriften des 13. Kapitels des 1. Korintherbriefes wird sie durch Beispiele veranschaulicht. Es ist das Gefühl liebender Eltern, die auf alles achten, was ihr braucht. Es ist das Gefühl eines liebenden Freundes oder Gefährten, der euch bedingungslos liebt. Dieses Gefühl der Liebe hat Substanz und fühlt sich stofflich und greifbar an. Es ist die liebende Umarmung Gottes. Einige Menschen können sie tatsächlich sehen. Sie stammt aus der einen Urquelle und ist im gesamten Universum einzigartig. Sie gehört uns allen und ist gleichzeitig sowohl unsere persönliche Quelle als auch unser Geschenk.

Wenn ihr sie erlebt, fühlt ihr nicht nur die Wärme und Erleichterung des universellen Friedens; ihr fühlt auch die Liebe und Bewunderung aller Wesenheiten des Universums; aller, die wissen, wer ihr seid, und euch zu eurer Ausdauer gratulieren, dass ihr diese Botschaft gelesen und ihren Inhalt ernst genommen habt.

ICH BIN Kryon

Dezember 1991

Kapitel 2

Die neue Energie

Lehrer...

Was bringt es euch, Veränderung abzulehnen?

Habt ihr so viele Jahre auf dem Weg gearbeitet,
nur um euer Geschenk jetzt abzulehnen?

Ihr werdet jetzt mehr denn jemals zuvor gebraucht,
um den Neuen, die bei der Arbeit noch
wie kleine Kinder sind, den Weg zu zeigen.

Ihr könnt es nicht mehr alleine schaffen...
...deshalb seid ihr in eurer Toleranz
für die anderen gefordert.

Wir werden euch unterstützen...
und euch lieben...

...und euch den Frieden geben,
den ihr vermisst.

Lee Carroll berichtet...

Was Sie nun lesen werden, wurde ab dem 4. Januar 1992 geschrieben. Was Sie im 1. Kapitel dieses Buches lesen konnten, wurde Anfang Dezember 1991 geschrieben. Dies ist bedeutsam und wichtig für Sie zu wissen, um einen Zeitrahmen zu haben, wenn Kryon von »Jetzt« spricht.

Aus meiner Sicht ist klar, dass Kryon von nun an in der »ersten Person« zu Ihnen sprechen möchte, und ich werde in dieser Art seiner Bitte um Kommunikation nachkommen. Ich werde auch von Zeit zu Zeit Anmerkungen in Klammern und Kursivschrift da einfügen, wo ich es aus Gründen der Klarheit für nötig halte. Dies ermöglicht eine Unterscheidung zwischen der unmittelbaren Gedankengruppen-Übertragung von Kryon und meiner rückblickenden Überprüfung.

Dieser nun folgende Abschnitt ist eine Fortsetzung dessen, was Sie im 1. Kapitel lesen konnten... Obwohl Kryon während der letzten Sitzung weitere Informationen angekündigt hatte, schien mir die Kommunikation beendet und ich dachte, dass ich mit dem Schreiben fertig sei. Heute weiß ich es besser.

Das Buch setzt sich weiter fort, aber es musste darauf warten, in einer ganz bestimmten Energie gechannelt werden zu können. Sie war ab Anfang 1992 gegeben. Der folgende Teil ist besonders an alle Lehrer innerhalb des metaphysischen Glaubenssystems gerichtet; aber auch wenn Sie kein Lehrer sind, bitte ich Sie weiterzulesen, denn für Sie werden genauso weitere Informationen kommen.

Die Anmerkungen, die Sie gerade jetzt von mir lesen, schreibe ich selbstverständlich vor dem Channeling. Ich habe mich dazu entschieden, diese Vorgehensweise beizubehalten und nicht die empfangenen Informationen im Nachhinein zu bearbeiten. So teilen wir das aktuelle Erleben dieser Erfahrungen miteinander.

Sie mögen sich fragen, ob die jeweiligen Kapitelüberschriften später, im Anschluss an ein Channeling, zur besseren Übersicht hinzugefügt wurden. Tatsächlich werden die Überschriften und die Gestaltung während des Schreibens geordnet und mir zur Verfügung gestellt und es wurde nur sehr wenig im Anschluss daran verändert.

Was jetzt folgt, wird, wie zuvor, für Sie genauso frisch und neu sein wie für mich.

Der Zeitplan für die neue Energie

Ich grüße euch! Ich bin Kryon vom magnetischen Dienst. Jeder Einzelne von euch ist zutiefst geliebt! In der Tat ist diese Botschaft eine Kommunikation sehr spezieller, besonderer Art. Jeder, der sie nun empfängt, empfängt sie in der neuen Energie. Ich hielt die nun folgenden Mitteilungen bis zu diesem Zeitpunkt zurück, damit ihr sie leichter verstehen könnt. Selbst meinem Partner konnte ich diese Botschaften nicht früher geben, weil es des richtigen Zeitpunktes bedurfte.

Wie ich schon zuvor mitteilte, bin ich seit 1989 hier. Ich habe eine eigene Gruppe, die mich in meiner Arbeit unterstützt und die sich gegenwärtig in der Umlaufbahn des Planeten Jupiter bewegt. Ihre Unterstützung für mich besteht hauptsächlich aus der erforderlichen Energie und den Ressourcen für meine Arbeit. Auch wenn ich der magnetische Meister bin, kann meine Arbeit schwerlich von mir allein durchgeführt werden! Einige von euch haben meine Helfer bereits in ihrer Hin- und Herbewegung zwischen den wichtigen Regionen, wo sie mir beistehen, beobachtet. Sie sind schon seit 11 Jahren hier und werden noch 11 weitere Jahre hier bleiben.

Meine Angaben zur genauen Zeitdauer meiner Arbeit sind für euch besonders wichtig, damit ihr erkennen und nachvollziehen könnt, was geschieht, und ihr dementsprechend eure neuen Gelegenheiten, Chancen und Handlungsmöglichkeiten nutzen könnt.

Es erforderte drei Jahre Vorbereitungszeit für die Eröffnung eures Zeitrechnungsjahres 1992; der 1. Januar 1992 kennzeichnete das Jahr der Veränderung, den Anfang eines elfjährigen Prozesses, der voraussichtlich am 31. Dezember des Jahres 2002 vollendet sein wird. Nach dieser Zeit werde ich nicht mehr hier sein. Viele spekulierten und schrieben über einen Zyklus von 18 bis 20 Jahren. Das ist eine falsche Information. Meine Aufgabe dauert nicht länger als insgesamt 14 Jahre, von denen drei Jahre bereits vergangen sind; sie bringt eine sehr wichtige und bedeutende Zeit für euch auf Erden. Täuscht euch nicht; ich bin derjenige, den ihr erwartet habt. Ich bin derjenige, der auserwählt ist, die Verantwortung für die Neuausrichtung eures Gitternetzsystems zu tragen. Das wird euch bemerkenswerte Veränderungen in Bezug auf eure Kraft und Macht geben.

Ich spreche jetzt unmittelbar und direkt zu den Lehrern. Für viele von euch wird es nun unbehaglich. Für einige von euch, die verstehen, was vor sich geht, wird es endlich angenehm. Was für eine Dichotomie!

Dieser Abschnitt richtet sich an euch *alle*, sodass ihr eure Gefühle und Wahrnehmungen verstehen könnt und wisst, wie ihr damit umgehen könnt. Auch werde ich versuchen, die Möglichkeiten der völlig neuen Kraft und Macht zu beschreiben, die ihr nun habt... wie sie funktioniert, wie sie genutzt wird und welche Fallstricke es gibt, wenn ihr um sie bittet.

System-Arbeiter

Arbeitest du mit bestehenden Systemen? Ich sprach bereits über einige der menschlichen Geburtsimplantate. Der größte Teil der Implantate sind in Wirklichkeit ***»Imprints«***, das sind Ein- oder Ab-Drücke, die euch aus der (oder den) letzten Inkarnation(en) begleiten. Sie enthalten das Karma, die astrologischen Gegebenheiten, die Lebensaufgaben (in Verbindung mit dem Karma), das magnetische Muster (Lebensfarben der Aura), das Sternenkarma und vieles mehr (jedoch habe ich die wichtigsten hiermit bereits aufgezählt). Jeder menschliche Körper besitzt außerdem Polaritäten, die die individuell zu lernenden Aufgaben und Lektionen unverwechselbar kennzeichnen.

Viele von euch arbeiten mit diesen Systemen und wurden sehr gut und kompetent in ihrer Anwendung und ihrem Einsatz. Es wurden euch im Verlauf der Jahre Informationen über den Gebrauch dieser metaphysischen Techniken gegeben, die nur von meiner Seite des Schleiers kommen konnten. Beispielsweise die Astrologie: Diese Wissenschaft ist Wirklichkeit! Ich gab euch bereits einen Einblick über die Wirkungsweise eures magnetischen Feldes bezüglich eurer Lebenskraft und Spiritualität und ich informierte euch darüber, dass die Schwerkraft ein Teil der Gleichung ist (der Grund dafür, warum die jeweilige Position eures Mondes Einfluss auf eure Gefühle hat). Denkt bitte für einen Moment darüber nach, welche Wirkung die anderen euch umgebenden Himmelskörper auf die Schwerkraft der Erde ausüben. Das magnetische System eurer Erde und infolgedessen auch eure Spiritualität sind im Grunde in euer Sonnensystem (und generell in eure Galaxie) eingebettet. Alles steht in einem Zusammenhang miteinander und das bedeutet das Studium der Astrologie - die Beantwortung der Frage, wie die anderen Himmelskörper euch persönlich beeinflussen. Dies ist lediglich ein Beispiel für ein Imprint. Jeder Einzelne von euch wurde in eine spezifische spirituelle Energie *(hinein-)* geboren, erschaffen durch die magnetische Ausrichtung um euch herum, und sie hat von da an eine vorhersagbare Wirkung auf euch. Das ist vergleichbar mit einem widerstandsfähigen, winterharten Baum (oder einer Pflanze), der sich in einem tropischen Land der Erde aussät, keimt und aufwächst. Wenn er reisen könnte, wäre er am glücklichsten in der Umgebung, in der er aufwuchs, obwohl er nahezu überall leben könnte. Und ihr könntet vorhersagen, mit welchen Witterungsbedingungen, heiß oder kalt, der Baum oder die Pflanze sich am wohlsten fühlen würde. Bei Kälte oder Dürre oder besonders starker Hitze wäre er/sie weniger fruchtbar. Dies sind Informationen einfacher Art, bei denen das Verhalten lebendiger Wesen aufgrund der Kenntnis ihrer Entstehungsbedingungen vorhergesagt werden kann. Mit Ausnahme derjenigen, die dieses Wissen haben, wenden aber nur wenige diese Kenntnisse in Bezug auf die Position der Planeten in Verbindung zu den Menschen an. Diese Wissenden sind in unserem Beispiel die System-Arbeiter der Astrologie.

Einige von euch arbeiten mit dem magnetischen Feld des Körpers, entweder in Form unmittelbarer Heilungsarbeit oder als Lernen und Lehren über die Farben und Muster der Aura und ihrer individuellen Bedeutung für den Menschen. Auch ihr seid System-Arbeiter, da ihr bei eurer Arbeit von dem jeweils angeborenen Imprint abhängig seid *(ausgehen müsst)* und mit entsprechend vorhersagbaren Faktoren arbeitet.

Wann immer ihr mit systematischen Zusammenstellungen, Diagrammen und Tabellen aller Art arbeitet, seid ihr System-Arbeiter. Auch diejenigen, die mit karmischem Bewusstsein arbeiten, benutzen Regeln für die Menschen, denen sie helfen. Habt ihr mit Rückführungen in vergangene Leben zu tun, mit Geburt und Wiedergeburt oder dem »Lesen« *(reading)* des Lebensplan-Imprints, benutzt ihr Systeme.

Auf euch alle werden große Veränderungen bezüglich eurer Arbeit zukommen. **Bitte fürchtet sie nicht.** Ihr werdet geliebt und für eure Arbeit geschätzt! Im Allgemeinen kann es so weitergehen wie bisher, aber es gibt ein paar Einzelheiten zu berücksichtigen und insbesondere eine muss wahrgenommen und beachtet werden *(Erklärung folgt gleich).* Ich kann euch garantieren, dass ***sich alle von euch*** genau in diesem Moment unwohl fühlen. Wer System-Arbeiter ist und sich mit der heutigen Energie nicht unbehaglich fühlt, dem ist entweder die Information, die ich geben will, schon bekannt oder er hat sein Gleichgewicht verloren und existiert einfach ohne Bewusstheit oder Erleuchtung innerhalb des Rahmens seines Systems.

Eure unbehaglichen Gefühle resultieren aus der Tatsache, dass ihr die spirituellen Führer seid und sich irgendetwas verschoben hat, was euch intuitiv sagt, dass eure Kräfte anders geworden sind. Einige von euch haben bereits eine alarmierende Tatsache bemerkt (die ihr aber noch nicht öffentlich mitteilt): Eure Systeme stimmen plötzlich nicht mehr so präzise wie vorher. Möglicherweise habt ihr das Gefühl, eure Kraft und Macht zu verlieren (ein sehr erschreckendes Gefühl)! Obwohl es sich um eine sehr positive, kraftvolle Zeit für euch handelt, wird eure Persönlichkeit durch die entstehende Furcht verunsichert.

Dies ist wichtig für euch: Ihr habt nichts verloren außer der Ausrichtung eurer Systeme. Und (das Wichtigste): Wenn ihr dies lest und verstehen könnt, habt ihr die außerordentliche Gelegenheit, etwas zu tun, was bisher weder euch noch irgendeinem anderen Menschen seit Anbeginn der Erdengeschichte möglich war.

Meine Veränderungen am Gitternetz verschieben eure Diagramme. Im Jahr 1992 müssen alle diejenigen, die irgendwelche planetarischen System-Tabellen anwenden, sich im Laufe des Jahres darauf einstellen, sie um 2 bis 3 Grad nach rechts (von euch aus betrachtet) zu platzieren. Da dies etwas vage und unklar ist, schlage ich euch als Doppelcheck und Präzisierung vor, dass ihr für eure persönliche Orientierung Auflagen (Folien) erstellt, die diese Information spiegeln, und dann die Ergebnisse mit der Realität der Lebensprozesse um euch herum vergleicht, insbesondere mit denen der Menschen, denen ihr zu helfen und die ihr zu heilen versucht. Haltet jede geographische oder Erdzeit-Angabe in derselben Art wie bisher fest. Ändert nur die nichtirdischen Aspekte. Ich kann euch zu diesem Zeitpunkt keinen genauen Zeitrahmen für die komplette Drei-Grad-Verschiebung geben, da ihr Menschen meine Arbeit bestimmt. Ich reagiere auf eure Transmutationsarbeit, auf eure Verwandlung, mit einer entsprechenden Verschiebung. So ist es mir unmöglich, spezifischer in den Angaben zu sein, solange ich nicht weiß, wie ihr euch weiterentwickeln werdet. Die Verschiebung wird 1992 nicht mehr als drei Grad betragen, aber sie beträgt zum jetzigen Zeitpunkt mehr als ein Grad.

Eine Veränderung der nicht-irdischen Aspekte eurer Tabellen mag euch als konträr zu den tatsächlichen Geschehnissen erscheinen, aber im Zusammenhang eures Systems ist sie korrekt. Der Unterschied ist der, dass die *Erde* sich verändert hat, während sich um sie herum nichts veränderte. Eine Analogie dazu wäre: Stellt euch vor, ihr sitzt ganz still auf einem Drehstuhl und werdet von einem riesigen mechanischen Roboter gefüttert. Plötzlich dreht etwas den Stuhl leicht nach links, die große Maschine allerdings (nicht wissend, dass der Stuhl gedreht wurde) wird euren Mund verfehlen. Von da an müsst ihr etwas verändern, um auszugleichen, oder ihr werdet nicht überleben können. Es ist sehr viel leichter, Kopf und

Körper etwas zur rechten Seite zu bewegen, um die Drehung des Stuhls auszugleichen, als die riesige Maschine neu zu platzieren.

Arbeiter ohne System

Bist du ein »Seher«, d. h. ein Mensch, der fast ausschließlich mit medialen Fähigkeiten arbeitet, dann bist du nicht systemorientiert, ein Arbeiter ohne System. Das betrifft die Seher, Channels und Leser aller Arten (Tarot, Runen usw.), bei denen sich die gegebenen Informationen auf den Moment beziehen und nicht aus der Entwicklung vergangener Erfahrungen - oder aus universellen Informations-Mustern - abgeleitet werden. Der Grund dafür, dass die Tarot- und Runen-Readings (Lesungen) keine Systeme sind, liegt darin, dass sie sich nicht auf eine einheitliche, miteinander verbundene Gruppe beziehen - bis ***zu dem Moment***, in dem sie ein gemeinsames spirituelles Bild ergeben. Sie sind im Grunde Wegweiser mit eigenen Gruppeninteraktionen und Interpretationen.

Ihr »Seher« solltet euch gut fühlen. In der Tat solltet ihr eine positive Veränderung bemerken, während sich alles um euch herum im Übergang befindet. Meine Anpassungs- und Ausrichtungsarbeiten werden euch gut tun, sodass ihr eine größere, stärkere Hellsichtigkeit *(-fühligkeit)* und genauere Readings erlebt. Meine Anpassungen und Ausrichtungen sind für diese Arbeit günstig und ihr werdet euch ab jetzt in eurer Arbeit noch größerer Erfolge erfreuen können. Darüber hinaus habt ihr auch eine große Möglichkeit, euer Leben in spektakulärer Art und Weise zu verändern.

Für alle, die mit beidem arbeiten

Meine Lieben! Alle, die ihr beides seid, System-Arbeiter und »Seher«: Bitte fasst beherzt Mut. Die innere Verwirrung, die ihr erlebt, ***trügt euch und ist nicht wahr***. Die spürbare Angst ist ungerechtfertigt und noch ehe ihr diese Mitteilungen zu Ende gelesen habt, könnt ihr euch so reich erfüllt mit Kraft und Macht erheben wie niemals vorher. Dies ist die einzigartige Liebesbotschaft, die ich euch allen bringe.

Die große neue Kraft

Für euch alle *(alle Menschen)* gibt es neue, wichtige Informationen: Mit dem Beginn dieses 11-Jahre-Zyklus habt ihr die Kraft und Macht, ***eure Imprints*** (nicht Implantate) ***zu transmutieren****. Noch niemals zuvor war dies für einen Menschen möglich, es sei denn, dass er ohne Implantat oder Imprint gekommen wäre (wie beispielsweise Jesus). Das hat eine enorme Wirkung, sowohl auf euer persönliches Leben als auch auf eure Arbeit. Zuerst solltet ihr ver-

* vgl. Kapitel 7

stehen, um was es wirklich geht, was es tatsächlich bedeutet und wie ihr diese Kraft erlangen und bewahren könnt. Zweitens solltet ihr wissen, wie sie sich auf eure Arbeit auswirken wird.

Lasst mich versuchen, diese neue Offenbarung klarer zu erläutern. Ich vertraue hier darauf, dass mein Partner sehr sorgfältig übersetzt. Ihr habt euch eine neue kraftvolle Eigenschaft verdient, welche unmittelbar mit eurer Leistung und dem Ergebnis auf der Ebene der Erde zusammenhängt. Meine Ankunft und anschließende Arbeit, die Neuausrichtung des Gitters, ist wie ein Beifall zur Anerkennung eurer Leistung. Es ist kein Ereignis, welches befürchtet werden oder dem misstraut werden müsste. Diejenigen von euch, die im Einklang mit dem Kosmos sind, wissen, dass diese Zeit unter vielen Namen und in vielen Kulturen vorhergesagt wurde... und es ist jetzt soweit, es ist Hier und Jetzt. Meine Botschaften über die Endzeit, die ich euch in der letzten Kommunikation mitteilte, endeten kurz vor der wichtigen guten Nachricht ***an alle diejenigen, die im Gleichgewicht sind***. Wie würde es euch gefallen, euer ganzes Karma aufzuheben, durch das ihr euch euer Leben lang hindurchgearbeitet habt? Hättet ihr vielleicht gerne eine andere Aura-Farbe oder wäret gern frei von bestimmten Eigenschaften? Seid ihr euer Sternzeichen leid? Habt ihr genug davon, euch durch eine Lebensaufgabe zu arbeiten? Diese Fragen sind von größter Bedeutung!

Karma bringt Gesundheitsprobleme, unerklärliche Ängste und Schwierigkeiten, finanzielle Probleme, zwischenmenschliche Beziehungsarbeit und

Störungen im Beruf. Karma bringt auch Wohlstand, Gesundheit, Weisheit und Fülle (so ist die Dualität). Die Lebensaufgaben (in Verbindung mit dem Karma) liegen wie eine Schicht darüber. Sie sind umfassende Imprints, die euch ein verstecktes (*gewöhnlich unerkanntes*) Ziel setzen, auf das ihr hinarbeitet. Wie zuvor beschrieben, ist eure astrologische Identität ein »Samen«-Imprint, das euch auf eurem Weg bei der zeitlichen Abstimmung behilflich ist. Auch ist die Tatsache wichtig, dass euer Lebensort auf der Erde und die Menschen, mit denen ihr arbeitet, zum System eurer karmischen Gruppe gehören. Ferner gibt es auf der Erde weiteres Karma, was nicht sehr bekannt ist, euer Sternenkarma. Nicht alle von euch haben ihre Ausdrucksformen jedes Mal auf der Erde. Es gibt viele unter euch, die aus anderen Bereichen des Universums kommen, mit anderen Parametern für ihr Lernen. Das Sternenkarma ist oft schwer. Möchtet ihr gerne frei sein von diesem Imprint? Wie erwähnt, in allem steckt beides, gut und schlecht, abhängig von eurem individuellen Weg. Was würde es bedeuten, frei zu sein?

Im letzten Abschnitt sprach ich vom Heilungsprozess. Ihr erinnert euch sicher daran, dass er mit dem Karma und dem Gesamt-Imprint verbunden ist. Alle menschlichen Krankheiten, Defekte, Dysfunktionen und Disharmonien sind direkt mit dem karmischen Imprint verbunden. Ohne das karmische Imprint hättet ihr niemals gesundheitliche Probleme. Einer der Gründe, warum eure großen historischen Persönlichkeiten in alter Zeit so lange zu leben schienen, liegt darin, dass sie kein karmisches Imprint mitbrachten.

Viele waren »Erstmalige« ohne irgendein Karma. Es gibt heute nur noch sehr wenige von ihnen, da eure Lektionen bereits seit langer Zeit im Gange sind, sodass sich vielfältige Lebensausdrucksformen entwickelten. Das Lehrbuch der noch zu durchlebenden Aufgaben baute sich auf und ein entsprechend komplexes Imprint entwickelte sich.

Durch die neue Liebesenergie seid ihr jetzt in der Lage, diese neue Kraft und Macht in Anspruch zu nehmen und tatsächlich über euer Karma und alle Handlungsfenster hinwegzuspringen und direkt an einem Platz der Neutralität zu landen. Die Neutralität hebt den Prozess der Dualität auf, löscht das Bedürfnis und die Notwendigkeit für Lektionen, ermöglicht euch *einen Graduiertenstatus* und stellt enorme Kraft und Macht zur Verfügung. Ich will euch gerne näher beschreiben, was das direkt und unmittelbar für euch bedeutet; im Anschluss daran möchte ich euch ermahnen, auch die potenziellen negativen Faktoren zu berücksichtigen. Diese neue Kraft wird erforderlich sein, damit ihr die Transmutationsarbeit für die Erde durchführen könnt. Die Erde braucht viele von euch, die diesen Sprung machen; sonst wird nicht genug von der erforderlichen Kraft vorhanden sein, um die Aufgabe in den nächsten 11 Jahren zu vollbringen.

Mit dem Wechsel zu einem neutralen Imprint wird vieles für euch geschehen. Später werde ich einige dieser Prozesse aufzählen, aber ich will euch zuerst die Bedeutung des »Graduiertenstatus« klarmachen. Der Status bedeutet normalerweise, dass ihr bereit seid, die Erde zu verlassen. Mit anderen Worten, es gibt keine weiteren Aufgaben mehr, nichts mehr zu lernen und ihr seid hier fertig. Jetzt steht euch dieser Status schon vorzeitig zur Verfügung... Ihr habt ihn verdient und er ist nicht mehr mit einem Weggang, dem Verlassen der Erde, verbunden. Nachdem ihr den Wechsel in den neuen Status vollzogen habt, werdet ihr anders sein. Euer Leben wird sich verändert haben und ihr werdet euch anders fühlen. Alle Veränderungen werden letztendlich positiv sein, aber wie bei jedem Wechsel wird es eine Periode der Anpassung geben. Nach der Anpassung werdet ihr immer noch ihr selbst sein, aber ohne Vergangenheits-Imprint und ohne Ziel-Imprint. Das braucht Weisheit und Verständnis, Toleranz und Liebe.

Eure Persönlichkeit kann, wenn ihr es wollt, dieselbe bleiben. Was auch immer ihr als die besten Teile eures Lebens wahrnehmt, wird euer sein und bleiben. Die Teile von euch, die ihr immer zu verändern wünschtet, können sich jetzt ändern. Darin liegt die Kraft und Macht. Ihr habt jetzt einen ***direkten Zugang*** zu der einzigartigen Liebes-Kraft-Quelle, der nur durch den Graduiertenstatus möglich ist. Jesus hatte diesen Status (und noch mehr) und er sprach zu euch darüber. Er sagte euch, dass auch ihr die Kraft und Macht habt, diesen Status zu erlangen und so zu werden wie Er (Joh. 1:11-12). Hier ist sie!... Und ihr braucht sie, um dabei zu helfen, die Erde zu verändern. Auch werdet ihr ein wesentlich längeres Leben haben. Euer Alterungsprozess wird sich verlangsamen und Krankheiten werden sich nicht in euch festsetzen können. Außerdem werdet ihr innerlich alles »durchlaufen« lassen können, was euch sonst betroffen hätte. Bis zu diesem Zeitpunkt wurden alle Dinge, die euer Körper aufnahm, von eurem karmischen Imprint mit Hilfe eures genetischen Grund-Codes geprüft (euer biologisches und euer spirituelles Imprint finden sich in derselben Struktur). Wenn das karmische Imprint mit den Werten der aufgenommenen Substanzen übereinstimmte, wurden sie entsprechend aufgenommen - oder aber abgewiesen. Dieser »Annehmen-oder-Ablehnen«-Routinevorgang wurde sowohl bei guten als auch bei schlechten Substanzen durchgeführt und so wurde gesteuert, ob man eine Krankheit bekam, gut oder schlecht ernährt war, einen schnellen oder langsamen Stoffwechsel hatte *(einen dicken oder dünnen Körper),* ob man Medikamente, Vitamine und sonstige Präparate vertrug oder nicht.

Das Imprint konnte euch auch vor Krebs, Herzinfarkt, Bluthochdruck usw. schützen oder diese fördern. Es steuerte eure Lebensdauer (es sei denn, euer Leben wurde anders beendet) und hatte Einfluss und Wirkung auf euer Aussehen. Es verlieh euch unterschiedliche Talente und Begabungen. (Bei einem neutralen Imprint sind alle Begabungen möglich.) Wie bereits erwähnt, sind Implantate (nicht Imprints) größtenteils dazu gedacht, euer Verständnis oder eure Fähigkeiten zu beschränken und begrenzen. Die Struktur eurer Implantate wird sich verändern (darüber später mehr), um ein erweitertes Verstehen und erweiterte Begabungen zu ermöglichen. Ihr werdet von den Energien um euch herum nicht betroffen sein. Ihr werdet keine Negativität mehr aufnehmen, sondern positive Energie ausstrahlen, wo immer ihr hingeht, d.h. eine eher offensive als schützende (auf Schutz bedachte) Haltung einnehmen. Lebensmittel, die vorher Ausschläge und/oder Allergien auslösten - ganz einfach krank machten -, werden euch nicht mehr betreffen, sie können euch nichts mehr anhaben. Ihr seid natürlich nach wie vor zu einer sinnvollen Ernährung aufgerufen, aber andererseits werden die Dinge, die euch früher negativ betrafen, ihre negative Wirkung auf euch verlieren. Krankheiten werden an euch vorübergehen, es sei denn, ihr möchtet es anders. Unfälle werden sich verringern und die Fülle wird ganz nach Bedarf zu euch fließen.

Klingt das fantastisch? Vielleicht glaubst du es nicht. Wisse: Die Worte auf dieser Seite sind für dich bestimmt. Es ist kein Zufall, dass du das liest. Nur die stimmige Situation ermöglichte es, dass diese Schriften dich erreichten, und nun hast du die Verantwortung für dein Handeln oder Nicht-Handeln.

So oder so, in jedem Fall wird sich dein Leben verändern, weil du die Wahrheit gesehen hast. Liebst du eine besondere Art von Essen und »zufälligerweise« erfährst du, dass diese Mahlzeit aus etwas sehr Ungewöhnlichem zubereitet wurde, so wird das für immer deine Betrachtungsweise verändern. Du magst diese Mahlzeit weiterhin mit Freude und Genuss essen, aber dein Wissen darum, woraus sie in Wahrheit besteht, wird dich nie mehr verlassen.

Was sollte dagegen sprechen?

Ein neutrales Imprint bringt Veränderungen, wie ihr sie noch nie erlebt habt. Ihr werdet Versuchungen ausgesetzt sein, die ihr bisher nicht hattet, und es werden sich Dinge für euch verändern, die schwierig erscheinen mögen. Außerdem mag die Periode der Anpassung unangenehm sein.

(1) Seit eurer Geburt seid ihr daran gewöhnt, euch in einer bestimmten Art und Weise zu verhalten. Eure Sprechweise, Wünsche und Bedürfnisse, Handlungen, Taten und Verteidigungsmechanismen wurden alle durch euer Karma geprägt. Wenn jemand ärgerlich oder wütend mit euch umging, rief das Ärger oder Wut bei euch hervor..., Anklage löste Verteidigungsmechanismen aus..., eure persönlichen »Knöpfe« wurden regelmäßig gedrückt und die erwartete Reaktion folgte. Diese Dinge sind karmisch bedingt und zugleich mit eurem Imprint verbunden. Warum sind manche Leute ständig ärgerlich und wütend? Warum sind andere Leute immer friedlich? All dies wird von eurem Imprint gesteuert. Oftmals ist euer Karma so strukturiert, dass es euch durch manche dieser Gefühle hindurchhilft und ihr durch die Aufhebung von Angst Frieden und Weisheit lernt. Daher wird die Angst durch die Art eures Imprints *erlaubt*; jedoch ist Friede der natürliche Zustand, auch wenn ihr bisher möglicherweise dafür arbeiten musstet.

Daher wird sich eure Persönlichkeit verändern. Universell gesehen wird es zum Besseren sein, aber den anderen werdet ihr dadurch verändert erscheinen. Jemand, der wütend auf euch ist, wird keine ärgerliche, wütende Reaktion mehr hervorrufen, aber zur gleichen Zeit werdet ihr auch einen sehr bequem gewordenen Teil von euch verlieren. Friede ist natürlich, aber er mag sehr langweilig erscheinen, wenn ihr ein Leben voller Drama und Intensität gelebt habt.

(2) Die größte Versuchung für euch wird etwas sein, was ihr bisher nicht einmal im Entferntesten berücksichtigt habt: Es wird euch möglich sein, die Erde ohne Schmerzen zu verlassen. Ihr werdet in der Lage sein, einfach zu verschwinden und die Erde zu verlassen. Dieser Prozess wird euch intuitiv klar sein. Warum auch nicht? Ihr werdet die Macht und die Erlaubnis dazu haben. Könnt ihr euch das vorstellen? Warum bleiben und arbeiten, wenn ihr die Erlaubnis habt, es nicht zu tun? Die Antwort ist offensichtlich. Ihr habt einen Vertrag geschlossen, ohne Imprint auf der Erde zu bleiben, um eure Kraft und Macht für die Veränderung des Planeten einzusetzen. Ihr habt die uneingeschränkte Erlaubnis zu gehen und es wird keine negativen Energien hervorrufen. Ihr werdet akzeptiert und mit Beifall aufgenommen, wenn ihr bei uns ankommt. Ich habe dies bereits erlebt und der Graduiertenstatus ist wundervoll. Erinnert euch, in meiner letzten Botschaft habe ich euch mitgeteilt, dass ihr unter allen Wesenheiten besonders anerkannt seid. Wir Diensttuenden ehren und lieben euch für eure Arbeit zutiefst. Eure Graduierung wird voller Ruhm sein. Wenn ihr endlich ankommt, werdet ihr vollständig begreifen, was ihr wirklich für das Universum getan habt und wie eure Taten uns allen geholfen haben. Angesichts all des-

sen: Seid ihr wirklich bereit zu bleiben und die Arbeit zu tun? Überlegt euch euren Entschluss, bevor ihr um den Status bittet. Ihr werdet Hilfe bekommen *(darüber folgt später mehr)*, aber die Versuchung wird stark sein... jeden Tag.

(3) Die karmische Gruppe, der ihr angehört, wird nicht mehr länger mit euch verbunden sein. Das könnte das Allerschmerzlichste für euch sein. Viele eurer Freunde oder vielleicht sogar euer Partner bzw. eure Partnerin könnten euch *(möglicherweise)* verlassen. Für sie habt ihr euch verändert und seid jemand anderes geworden. Für den menschlichen Geist ist das ein negatives, trauriges Ereignis. Liebe *(die eine Quelle)* ist vollkommen und in diesem Raum betrachtet die Liebe diese Vorgänge als vollkommen, genauso wie Liebe einen angemessenen Tod als vollkommen betrachtet. Ihr werdet jedoch die menschlichen »Verbindungen« vermissen. Das ist ein Teil der Anpassungsphase. Bist du fähig, wenn nötig, allein zu sein? Ihr findet möglicherweise keinen Partner/keine Partnerin, der/die die gleiche Verpflichtung eingegangen ist. Bitte berücksichtigt das. Es wäre weitaus besser für euch, wenn ihr in Liebe und Verständnis so weitermacht, wie ihr seid, und mit dem Maß an Erleuchtung, welches ihr jetzt besitzt, euer Bestes tut, anstatt eine Statusveränderung zu vollziehen und anschließend zu gehen, weil ihr einsam seid. Selbst andere erleuchtete Menschen werden euch möglicherweise aufgrund von Ego-Karma verlassen.

(4) Das Ego wird euer schlimmster Feind sein. Bis zu einem gewissen Grad wurde euer Ego durch euer Imprint gesteuert, d. h. zurückgehalten oder aktiviert.

Sogar Jesus hatte Probleme mit seinem Ego, als Er zu bestimmten Zeiten Seines Lebens Seine Macht erkannte; und Er wurde ungeduldig mit denen, die unerleuchtet waren. Das Ego gehört zum Menschsein. Es spielt auf dieser Seite des Schleiers keine Rolle. Ich spreche von der Vorstellung der eigenen Wichtigkeit, die ein biologisch gebundener Geist für sich entwickelt. Das Ego ist das, was geschieht, wenn das Größere um das Geringere »herum« ist. Das ist auf meiner Seite des Schleiers niemals der Fall. Hier gibt es nichts Geringeres. Das menschliche Ego ist ein ungerechtfertigtes Kraft- und Machtgefühl und es ist wie eine Droge für den menschlichen Geist. Tatsächlich benötigt ihr ein weiteres Implantat *(mehr darüber später)*, um das Ego so zu blockieren, dass ihr es selber unter Kontrolle halten könnt. Auch wenn Imprints sehr viel beeinflussen können, gibt es doch gemeinsame biologische Systeme in jedem Menschen, die bei all dem berücksichtigt werden müssen... wie das Ego, die sexuelle Lust oder der Hunger..., sie sind ständige Irritationen für das Höhere Selbst. Diese Reize sind jedoch biologisch und daher Dinge, die ausgeglichen sein müssen. Als Mensch braucht man ein Ego, um mit anderen Menschen umgehen zu können; aber in eurem Fall werdet ihr kraft- und machtvoller sein als die meisten und die Reaktion des Ego wird sehr stark sein.

Das Ego verdrängt die Liebe und wenn ihr egozentrisch werdet, dann wird die erforderliche Balance, die Ausgeglichenheit zur Erhaltung eures Status, verloren gehen. Ich werde euch die Konsequenzen davon noch beschreiben. ***Ihr müsst die Balance halten.***

(5) Zur gleichen Zeit solltet ihr eine sehr *offensive* spirituelle Haltung einnehmen. Lasst mich erklären, was das heißt. Besonders diejenigen unter euch, die in gewissem Umfang erleuchtet sind, werden dies verstehen. Habt ihr schon einmal in Situationen, in denen ihr mit anderen Menschen umgehen musstet, auf irgendeine Art eure Psyche zu schützen versucht? Trefft ihr Vorsichtsmaßnahmen, um eure Psyche nicht schwächen zu lassen? Habt ihr jemals das Gefühl gehabt, eure Energie sei geschwächt worden und ihr müsstet euch selber »anheben«, um wieder in eure höhere Schwingung zurückzukommen? Benutzt ihr in eurem Wohnumfeld Verstärker, um die Schwingung zu erhalten? Wenn ihr Fremde berührt, denkt ihr bewusst daran, wie deren Energie sich auf euch auswirken wird? Macht ihr euch Gedanken über diese Dinge?

Das ist die Verteidigungsnatur, sie ist eine *defensive* Haltung und nicht mehr angemessen! Bisher mag sie erforderlich gewesen sein, aber jetzt solltet ihr diese Haltung aufgeben. Ihr braucht euch keine Gedanken mehr darüber zu machen, dass irgendeine niedrigere Schwingung euch beeinflussen könnte. Seid ihr in der Lage, das zu tun? Das ist eine mentale Veränderung und sie mag in der Tat schwierig sein. Denkt daran, wie Jesus sich im Volk bewegte, die Menschen berührte, sie heilte und zu ihnen sprach. Denkt daran, wie Er die Unerleuchteten erkannte und ihnen Kraft und Macht gab. Er war stets offensiv, das bedeutet, Er gab Kraft, anstatt sie zu verlieren, und das ist genau so, wie ihr sein müsst. Das ist nicht mit einem Missionieren zu verwechseln. Es bezieht sich einzig auf eure eigene Kraft und ihre Rolle im Miteinander mit den Menschen um euch herum.

Wenn ihr jemanden berührt, wird derjenige *von euch* empfangen - immer. Bezüglich der Kraft wird es nicht mehr länger einen Fluss vom Negativen zum Positiven geben. Eure Balance wird diesen Zustand aufheben. Ihr werdet nie mehr fürchten, dass eine niedrigere Schwingung eure eigene Schwingung stört. Die Menschen mit niedrigerer Schwingung werden einfach durch eure Anwesenheit verändert, ohne dass ihr überhaupt daran denken müsst.

Eure Verstärker braucht ihr nicht mehr (aber vielleicht brauchen sie die Menschen noch, die mit euch zusammenleben oder die zu Besuch zu euch kommen). In eurer Rolle als Lehrer werdet ihr viele erleben, die nach wie vor von euren Vorrichtungen profitieren, aber *ihr* werdet sie einfach nicht mehr brauchen. Außerdem werdet ihr fähig sein, die Vorrichtungen selber aufzuladen! Ihr werdet ein Generator von Kraft und positivem Einfluss sein. Nichts wird eure Kraft und Macht beeinflussen können. Sie entspricht der einen Liebes-Quelle, von der ich sprach, und sie ist absolut. Auch diejenigen, die ihr Imprint nicht ändern, können sich diese neue Gegebenheit zunutze machen. Ich werde später davon sprechen.*

(6) Eine der schwierigsten neuen Anpassungen bezieht sich auf eure psychologische Verbundenheit mit der Vergangenheit. Bitte glaubt mir, wenn ich euch sage, dass dies kein Merkmal der Erleuchtung ist, sondern eine sehr menschliche Eigenschaft. Ihr alle

* siehe dazu Kapitel 7

seht bis jetzt, bedingt durch euer Imprint, die Vergangenheit als irgendwie heilig an. Ihr verehrt Familienmitglieder, die von euch gegangen sind. Ihr fantasiert über Ereignisse in der Vergangenheit. Manche von euch bewahren sogar Gegenstände auf, um Erinnerungen aus der Vergangenheit leichter hervorholen zu können. Diese Haltung ist negativ und nicht erleuchtet. Sie wurde euch gegeben, damit ihr in eurem Entwicklungsprozess darüber hinauswachsen könnt. Wenn ihr in Balance seid, seid ihr mehr denn je im Bewusstseinszustand des »Jetzt«. Ereignisse eurer menschlichen Vergangenheit werden dementsprechend neutral für euch sein. Familienmitglieder, die nicht mehr anwesend sind, sind entweder im Geiste mit euch oder längst in einer neuen Inkarnation zurückgekommen. Sie sind in irgendeiner Weise im Jetzt bei euch, in eurer karmischen Gruppe. Diese Erkenntnis allein sollte euch schon einen viel klareren Blick und eine bessere Perspektive für den gegenwärtigen Moment erlauben. Menschen verbringen ganze Leben damit, zu lernen, Erinnerungen und Ereignisse loszulassen - ihr werdet dazu in der Lage sein.

Die ständige Beschäftigung mit der Vergangenheit ist eine Sucht nach negativen Energien. Ihr benutzt diese Erinnerungen, um euch wieder und wieder in Räume von Traurigkeit, Kummer und Sorgen, Sehnsucht und Selbstmitleid zu bringen. Ihr benutzt sie auch, um Gefühle des Ärgers und der unerfüllten Vergeltung zu erzeugen... Alles negativ! Prüft euch, warum ihr Gefühle aus eurer Vergangenheit bewahrt, und entscheidet, ob irgendetwas davon nützlich für euch ist.

Anmerkung: ***Es ist höchst angemessen, die vergangene Lebens-Ausdrucksform eines Mitgliedes eurer karmischen Gruppe zu ehren.*** Ist das der Grund, warum ihr Dinge aus der Vergangenheit bewahrt? Oder erschafft es in euch ein Gefühl der Sehnsucht nach etwas anderem - was auch immer? Die Beschäftigung mit dem menschlichen Erbe ist nahezu bedeutungslos angesichts der vielen Lebens-Ausdrucksformen, die jedes Wesen hat. Sie ist nur ein karmisches Werkzeug für euer Wachstum. Die Aufbewahrung von Gegenständen zu dem Zweck, die vergangene Ausdrucksform des Wesens zu achten, ist ehrenvoll. Der Unterschied zwischen einer erleuchteten Ehrung der Vergangenheit und einem negativen menschlichen Rückblick in die Vergangenheit ist einfach: Fühlt ihr in Verbindung mit dem Erinnerungsstück, was immer es ist, Freude oder Trauer? Freude ist das einzig angemessene Gefühl.

Ihr werdet nicht mehr über die Vergangenheit reflektieren, das heißt, euer Gedächtnis und eure Erinnerungen funktionieren wie zuvor, aber die Gefühle, die ihr als Mensch erwartet, werden sich nicht mehr einstellen. Das wird euch seltsam und fremd erscheinen. Liebtet ihr eure verlorenen Lieben wirklich? Wenn ja, solltet ihr dann nicht Trauer über den Verlust empfinden, werdet ihr euch selbst fragen. Sind eure Gefühle verschwunden? Nein; nur eure Imprint-Auswirkungen.

(7) Letztendlich: Euer neues, ureigenes, überwältigendes Gefühl wird die neue Liebes-Schwingung sein. Das wird euch »schwer« erscheinen, schwer im Sinne von Verantwortung. Ihr werdet tatsächlich das »Jetzt«

überwiegend genauso wahrnehmen, wie ich es wahrnehme, und damit wird ein ausgeprägter Sinn für verantwortungsbewusstes Handeln einhergehen. Es ist nicht die freie und leichte Art von Gefühl, welches ihr vielleicht bisher mit der Liebe assoziiertet. Es ist die Art von Liebe, die ihr im Gesicht von Jesus gesehen habt.

Es ist die weise Liebe, die die Seele eines Menschen erkennt, wenn ihr ihn anseht. Es gibt keine Frivolität, keine Leichtsinnigkeit in diesen neuen Gefühlen. Sie repräsentieren die Weisheit, die einen stimmigen Tod ebenso versteht und feiert wie ein stimmiges Leben. ***Ihr werdet euch als Erwachsene wiederfinden.*** Wollt ihr das wirklich?

Hilfe für die Anpassung

Wenn ihr diesen Wechsel vollzieht, werdet ihr Hilfe brauchen. Das ist der Moment, an dem wir, die im Dienst sind, ins Spiel kommen. Wir erkennen, wann ihr zum Wechsel bereit seid *(später mehr darüber)*. Es ist zu diesem Zeitpunkt mindestens ein neues Implantat für euch erforderlich *(nicht zu verwechseln mit dem Imprint)* und ein Wechsel der geistigen Führer. Lasst mich beides erklären.

Ich sprach schon von den Implantaten in eurem menschlichen Geist. Diese Implantate dienen grundsätzlich der Einschränkung und Begrenzung. Sie begrenzen eure wahrhaftige Wahrnehmung der Seele ebenso wie euer Verständnis dafür, auf welche Weise die spirituelle, feinstoffliche Seite in Harmonie mit der physikalischen Seite die vollkommene Wissenschaft *(Wunder)* erzeugt. Ohne diese Implantate gäbe es keine Prüfungen und kein Lernen. Als Jesus über die Erde ging, war Er ohne Imprint und ohne Implantate gesandt worden. Dadurch unterschied Er sich sehr stark von jedem anderen Menschen. Er war hier als Meister, um zu lehren. Er wusste es und die einzigen Schwierigkeiten, mit denen Er sich wirklich auseinander setzen musste, waren biologisch bedingt und für alle gültig. Er empfand wie jeder Mensch Gefühle, Triebe, Schmerz, Ego und Erschöpfung. Aber Er hatte kein Set von Implantaten.

Implantate sind Einschränkungsmechanismen, die verhindern, dass euer Seelenwesen eine aktive Rolle übernehmen kann. Sie werden bei der Geburt gegeben und bleiben unverändert, es sei denn, die feinstofflichen Wesen in euren Diensten ändern sie. Oft werden neue Implantate gegeben, wenn ein Mensch einen gewissen Punkt seines Wachstums erreicht, der das rechtfertigt. Ihr habt nicht die Macht, ein Implantat zu verändern, und das ist angemessen so. Beispielsweise wird ein Implantat dann geändert, wenn ein Mensch durch eine Handlungstür geht und sich erfolgreich über ein ***karmisches Imprint*** hinwegbewegt. Wenn das geschieht, muss ein neues Implantat eingesetzt werden, das dem ursprünglichen entspricht, aber das überholte karmische Imprint aufhebt. Wäre das nicht der Fall, würdet ihr die karmische Charakteristik beibehalten, obwohl ihr euch durch sie hindurchgearbeitet habt (nicht ganz fair, nicht wahr?). Das neue Implantat dient größtenteils dazu, euer Bewusstsein anzupassen, und desgleichen *zur Anpassung eures Imprints.* Mit diesem Vorgang verändert sich die magnetische Balance eures genetischen Codes.

Wechselt ihr in den Graduiertenstatus, ***benötigt ihr ein umfassendes neues Implantat.*** Dies ermöglicht es euch, euer (gesamtes) Karma aufzuheben. Das ist der Mechanismus der Transformation, der Umwandlung, und er bezieht diejenigen mit ein, die sich im Dienst befinden und diese Aufgabe ausführen. Wahrscheinlich seid ihr euch schon der Dienstwesen um euch herum bewusst und wisst, wer eure »geistigen Führer« sind. Einige nennen sie die Engel... und das stimmt. Für uns sind ihre Energie-Einheiten sofort wahrnehmbar und erkennbar, als ein dienendes Wesen für eine individuelle Wesenheit auf dem Schulungsweg.

Ihr seid wie ein trainierender Athlet auf der Erde. Um euch herum ist eine Unterstützungsmannschaft aus den verschiedenen Hierarchien des Dienstes. Diejenigen, die euch am nächsten sind, sind eure geistigen Führer. Am entferntesten von euch sind Wesenheiten wie ich, die sich mit der Mechanik, Pflege und Aufrechterhaltung der Schule befassen. Gegenwärtig hat jeder von euch *zwei geistige Führer.* Diese gehören zu *niemand anderem.* Sie sind keine Wesen, die vor euch sitzen, um euch zu beobachten, zu überprüfen oder zu beurteilen. Sie sind spirituelle Helfer und Diener. Einige von ihnen befinden sich zwischen zwei Inkarnationen und sind daher nicht immer im Dienst *(als Führer).* Einige sind Meister dieses Dienstes und werden immer geistige Führer sein. So ist es, doch die Erklärung, warum das so ist, muss bis zu eurem Übergang warten, denn sie ist für euren Weg im Moment nicht entscheidend.

Vielleicht sind sich viele von euch der geistigen Führer bewusst, aber nehmt ihr mehr als zwei geistige Wesen wahr? Nur wenige von euch können die unterschiedlichen Merkmale der Wesen auf der anderen Seite des Schleiers erkennen. Meistens nehmt ihr lediglich die Gestalt oder Form wahr. Ihr habt nur zwei persönliche geistige Führer und die anderen sind gewöhnlich periphere Wesen, die aus den verschiedensten Gründen da sind... und keiner dieser Gründe ist falsch. Erinnert ihr euch, dass ich von vielen anderen Wesenheiten sprach, die in anderen Ausdrucksformen zum Lernen auf der Erde sind? Da ist viel Kommen und Gehen, dessen ihr euch nicht notwendigerweise bewusst seid, das aber gelegentlich für euch sichtbar wird. Es ist einfacher, das zu identifizieren, was zu euch gehört, als zu erklären, was nicht zu euch gehört. Ihr habt zwei geistige Führer, die euch lieben und immer für euch da sind.

Mit eurem Wechsel *(in den Graduiertenstatus)* wird eine bedeutende Anpassung vollzogen: Ihr werdet einen oder beide geistigen Führer verlieren (abhängig von eurem Weg zu dieser Zeit) und einen ***anderen dazugewinnen***. Ihr werdet die einzigen Wesen auf der Erde mit drei ***Meister-Geistführern*** sein *(hier wieder die 3)*. Sie sind Meister-Geistführer, die euch bei eurer Aufgabe des Lehrens und der Umwandlung von Energie auf der Erde assistieren. (Ein Meister-Geistführer ist immer im Dienst und nie in der Schulung). Gerade während ich diese Mitteilungen an meinen Partner übermittle, versammeln sich die Meister-Geistführer und sind auf dem Weg, um der Erde zu dienen. Um euer Sonnensystem herum ist große Aktivität im Gange. Wenn ihr im Weltraum reisen könntet, wäret ihr sehr beunruhigt... und dieses Wissen würde euch zu dieser Zeit nicht dienen.

Gleichzeitig mit dem Wechsel der geistigen Führer findet auch die Implantat-Anpassung statt. Wenn ihr dachtet, ihr seid sensibel, dann wartet nur ab! Dieser Vorgang wurde auf anderen Planeten als die »schwarze Zeit« beschrieben. Es wird einen Zeitraum von ungefähr 90 Tagen geben, in dem ihr ohne Orientierung seid. Ihr werdet das Gefühl haben, zur gleichen Zeit euren besten Freund und euer einziges Kind verloren zu haben. Der Rückzug der »Geburtsführer«, d. h. der geistigen Führer, die euch von Geburt an begleiteten, wird von dem Seelenwesen in euch sehr tief gefühlt. Ich sprach schon früher von eurem Seelenwesen. Dein Seelenwesen ist der Teil in dir, der auf beiden Seiten des Schleiers vollkommenes Bewusstsein hat, der aber durch das Implantat daran gehindert wird, unmittelbar im Erdenleben mitzuwirken. Er ist der Teil von euch, der immer und ewig ist. Er kennt mich und ich kenne ihn. Er ist tief mit all euren Lebens-Ausdrucksformen verbunden und es ist der Teil von euch, der die menschliche Spiritualität darstellt. Er ist auch der Teil, der euch ständig antreibt, Gott zu suchen. Er/Es hat kein Geschlecht. Solange euch keine direkte Kommunikation mit eurem eigenen Seelenwesen möglich ist, werdet ihr diese Gefühle nicht verstehen. Es ist nicht möglich, sie zu erklären.

Wenn die Führer gehen, ist das Seelenwesen allein. Es ist nie ohne diese geistigen Führer gewesen und sie waren in ständigem Kontakt mit ihm. Wann immer ihr eure Führer wahrnehmt, seid euch bewusst, dass dies eine Zeit der Kommunikation mit eurem Seelenwesen ist. Diese Dinge mögen euch unglaublich erscheinen (eure Implantate sollen es so erscheinen lassen), aber sie stellen einfache Mechanismen eurer Schule dar, wie das Kommen und Gehen von Lehrern, die sich miteinander unterhalten.

Es gibt kein größeres Gefühl von Leere, als wenn die Führer gehen. Auch wenn einer bleibt, gibt es doch eine Zeitspanne, in der keiner da ist. Der Zurückbleibende muss sich für eine Zeit der Neuanpassung entfernen. Diese geistigen Führer repräsentieren den einzigen Kontakt eurer Seele zur reinen Liebesenergie. Wenn sie euch verlassen, wünscht ihr aus eurem Leben zu gehen. Die Meditation bringt euch keinen Trost. Das Zentrieren funktioniert nicht und die Gebete scheinen vom Himmel abzuprallen. Als Jesus am Kreuz litt (nicht starb), wurde Er vorübergehend von seinen drei Wächtern verlassen (ja, Er hatte sie auch). Das war, um Ihm zu helfen, in dieser Zeit ***wahre Sterblichkeit*** zu erfahren. Andernfalls wäre er möglicherweise unfreiwillig gegangen; die Versuchung wäre zu groß gewesen. Wenn euch das verwirrend erscheint, wisset, dass aus dem Blickwinkel der wahren Liebe alles richtig ist. Diese Entfernung war eine Hilfe für Ihn, aber während dieser Zeit der Entfernung fühlte Er sich zum ersten Mal seit seiner Geburt vollkommen allein. Es wird auch für euch sehr beunruhigend und unangenehm sein.

Ihr werdet praktisch das Leid eures eigenen Todes erleben, hinübergehen in die Schwärze, ohne eine Hoffnung.

Ich habe euch gesagt, dass es Fallen gibt auf dem Weg zu eurer neuen Macht und Kraft, und dies ist eine davon. Das ist das Feuer vor dem Frieden. Es wird vorübergehen und ihr *werdet* durchkommen. Es wird euch in dieser Zeit nicht erlaubt sein zu gehen; doch auch wenn eure geistigen Führer weg sind, sind einige euch weniger nahe stehende Wesenheiten doch in der Nähe, um auf euch aufzupassen. Sie sind jedoch keine Kommunikatoren und werden euch nicht bewusst sein. Jeder von euch wird dies anders wahrnehmen. Wenn ihr wirklich vorbereitet seid, dann ist der Vorgang erwartet und erscheint daher sanfter. Wenn ihr einen hilfreichen Rat wünscht: Beschäftigt euch, sobald ihr wisst, dass es angefangen hat (und ihr werdet es wissen), mit irdischen Aufgaben, konzentriert euch auf zielorientierte Arbeiten und die Fertigstellung von irgendetwas, das euch Freude bereitet. Dies ist eine Ablenkungstaktik für eure Seele und sie wird oftmals während der Anpassungsphase gut funktionieren.

Mehr Hilfe... Ich kann nicht genug betonen, wie wichtig in dieser Zeit der Glaube ist. Wenn ihr den Übergang vollzieht, werdet ihr euch verändert finden... ohne eure Freunde, verlassen von eurem Partner, ohne Berufung... Was bleibt übrig? Die Antwort darauf ist ganz einfach: Alles, was ihr **niemals zuvor hattet**, ist übrig! Es ***wird für euch gesorgt sein!*** Eure Position wird geehrt sein. Die drei Meister-Geistführer werden mit allen anderen unsichtbar euch zur Seite stehenden Wesen um euch sein und dafür sorgen, dass ihr unterstützt werdet. Der richtige Zeitpunkt ist wichtig und so ist Geduld erforderlich. Aber euer neuer Status wird sie ermöglichen und so werdet ihr keine Schwierigkeiten haben zu warten. Angst und Furcht werden nicht mehr die Rolle spielen, die sie früher hatten, da ihr die Kraft und Macht habt, jederzeit zu gehen, wenn ihr es wünscht (daher die Versuchung, genau das zu tun). Ihr werdet euren eigenen Tempel mit euch tragen. Das bedeutet, ihr werdet völlig selbstständig sein... spirituell, körperlich und geistig. Die Ernährung wird kein Problem sein, die Gesundheit wird kein Problem sein und ihr werdet nicht einsam sein. Ihr werdet zu viel Freude haben, um euch allein zu fühlen. Eure neuen Geistführer werden euch oft deutlich sichtbar sein, sodass ihr euch ihrer Gegenwart sicher sein könnt, wenn auch nicht viel mehr. Wenn ihr im Gleichgewicht bleibt, werdet ihr glücklich sein und euer Lebensausdruck wird reich blühen... glaubt es!

Und wenn ihr versagt?

Diejenigen im Universum, die solche Dinge planen, haben das Gefühl, dass viele von euch es nicht schaffen werden, auch wenn sie die Kraft und Macht des Graduiertenstatus empfangen haben. Es geschieht nicht zum ersten Mal, dass ein Planet diese Art von Schwingung oder Erleuchtung erreicht, also gibt es Präzedenzfälle für die zu erwartende Entwicklung. Das würde bedeuten, dass viele den Planeten verlassen, nachdem sie die Kraft und Macht empfangen haben. Dafür gibt es zwei Gründe:

1. Sie wollen es; das heißt, sie möchten lieber gehen, als dazubleiben und zu helfen.
2. Sie können aufgrund ihrer Ego-Probleme oder anderer biologischer Tendenzen nicht im Gleichgewicht bleiben. Im letzten Fall wäre ihr Fortgang unfreiwillig, d. h. das Wesen würde einfach verschwinden, wenn es zu sehr aus der Balance gerät.

Wie ich früher bereits erwähnte, hat das Verlassen des Planeten im Graduiertenstatus, egal aus welchen Gründen, keine negativen Folgen. Auch wenn ihr es nicht schafft dazubleiben und zu helfen und euer Gehen unfreiwillig ist, werdet ihr durch euren Übergang keine negativen Konsequenzen schaffen. Euer Status ist vollkommen und wird genauso sehr gefeiert wie bei denen, die bleiben. Dies mag euch nicht ganz gerecht erscheinen, aber es ist so, wie Jesus es in dem Gleichnis vom »Verlorenen Sohn« erzählte, der den Vater verließ und das Erbe verprasste, später zurückkehrte und vom Vater genauso geehrt wurde wie der andere Sohn, der den Vater niemals verließ... So ist es – so verhält es sich mit der einen Quelle der Liebe. Jesus lehrte viel über diese Art der Liebe; vielleicht wäre in dieser neuen Zeit mit eurer neuen Kraft und Macht ein neuer Blick auf die Beispiele und Gleichnisse, die Jesus gab, sinnvoll. Neues Wissen und Verstehen könnten aus der erneuten Überprüfung der Worte dieses Lehrers resultieren, den wir zu eurer Erleuchtung sandten.

Ihr entscheidet über euren Weg

Viele von euch, die diesen Text jetzt lesen, werden diesem neuen Weg nicht folgen wollen, weil sie spüren, dass ihre Zeit dafür noch nicht gekommen ist. Bitte fühlt euch durch diese Erkenntnis nicht falsch, irgendwie verkehrt... Diese Wahrnehmung von euch ist völlig richtig und angebracht und sie ist in Übereinstimmung mit der tiefen Weisheit, dass ihr euer Leben *ohne* den neuen Status fortsetzen sollt... in dem Wissen, dass es euch so besser gehen wird und ihr vieles zur Unterstützung derjenigen tun könnt, die euch während dieser Zeit brauchen, in der *ihr alle* dem Planeten helft. Euer individuelles Urteilsvermögen ist sehr wichtig bei dieser Selbsteinschätzung und Entscheidung. Ihr werdet niemanden damit beeindrucken, wenn ihr euch entschließt, diesen Weg einzuschlagen... und ihr werdet niemanden enttäuschen, wenn ihr es nicht tut. Es ist eine Entscheidung, die auf dem feinen Gespür dafür beruht, wo ihr euch gerade auf eurem Weg befindet.

Diejenigen von euch, die sich bereit fühlen, können zum nächsten Schritt weitergehen. Ihr solltet euch geistig darauf vorbereiten, aus eurer bestehenden Situation herausgenommen zu werden, wie auch immer sie sein mag. Dinge in eurem Leben werden sich verändern... und es bedarf eurer akzeptierenden Haltung. Eure weltliche Laufbahn oder Berufung, die es euch bisher erlaubte, die notwendigen Mittel für eure Ernährung, Unterkunft und euren Schutz zu erwerben, mag sich möglicherweise verändern oder zu Ende sein. Eure Entscheidung wird nicht mehr rückgängig zu machen sein und ihr könnt es euch dann nicht mehr anders überlegen.

Wenn ihr bereit seid und den Wechsel zu vollziehen wünscht, dann solltet ihr offen darum ersuchen, indem ihr den Wunsch an das Universum in Worte fasst. Viele von euch sind so sehr mit dieser Seite des Schleiers in Berührung, dass ihre Kommunikation klar und unmittelbar sein wird. Für einige bedarf es einer täglichen Formulierung, damit alle (geistigen Wesen) euch hören können. Formuliert es täglich mindestens für die Dauer eines Mondzyklus, sodass die passende magnetische Ausrichtung zur klaren Übertragung eurer Gedanken sichergestellt ist. (Einigen von euch ist ohnehin bereits bewusst, dass es verschiedene Zeitqualitäten für Kommunikation gibt.) Mit diesem Prozess bittet ihr um den Wechsel. Ich gab euch die kürzeste und die längste Zeitdauer, die es brauchen kann, euren Willen zur Veränderung zu kommunizieren. Wenn ihr unsicher seid, ob ihr deutlich gehört worden seid, nehmt die ganze Zeitspanne.

Als Nächstes folgt dann eine sofortige Einschätzung der Angemessenheit eurer Bitte. Bitte versteht Folgendes... ***Ihr alle*** habt aufgrund der neuen Energie die Kraft und Macht, den Wechsel zu vollziehen. Wie ich erwähnte, habt ihr euch das Recht dazu verdient. Die Einschätzung von dieser Seite des Schleiers hat nichts mit einer Beurteilung zu tun, sondern es handelt sich um eine Einschätzung, welche karmische Anpassung erforderlich sein wird. Wenn ein Wesen mit wenigen Lebens-Ausdrucksform-Erfahrungen (wenigen Vergangenheitserfahrungen und umfangreichem Karma) um die neue Kraft und Macht bittet, dann ist hierfür eine andere Art von Dienst erforderlich, um die Änderung zu vollbringen.

Niemand wird abgewiesen, aber der Zeitpunkt des Wechsels und die Schwierigkeit des Übergangs werden von Mensch zu Mensch ganz unterschiedlich sein. Ein Lehrer, der um den Wechsel bittet, bekommt ihn möglicherweise unmittelbar und mit nur sehr wenigen Unannehmlichkeiten. Ein Wesen mit nur wenigen Ausdrucks-Erfahrungen wird möglicherweise länger auf den Beginn des Prozesses warten müssen und dann eventuell während des Übergangs durch größere Schwierigkeiten gehen. Aber wie ich zuvor sagte: Alle werden es schaffen und kommen durch.

Meine Veränderungen an der magnetischen Einstellung der Erde könnten einige von euch, die den Wechsel vollziehen möchten, aufhalten. Möglicherweise ist nicht 1992, sondern 1995 korrekt. Gebt alle drei Monate eure Petition ein und erwartet eure Kraft; wenn es angemessen ist, werdet ihr sie bekommen.

Woran erkennt ihr, dass ihr beginnt, eure neue Kraft und Macht zu empfangen? Zuerst macht euch auf sehr lebhafte und anschauliche Träume gefasst, begleitet von traurigen Gefühlen. Als Nächstes beginnt etwas, was ihr möglicherweise als starke Depression empfinden werdet. Wie bereits erwähnt, ist dies die Zeit des Abschieds eurer Geistführer. Der Rest ist so, wie ich es beschrieben habe, und sollte etwa 90 Tage dauern. Danach wird sich euer Leben ändern. Die Menschen, die mit eurem ehemaligen karmischen Weg verflochten waren, werden ihren eigenen Weg des Lernens ohne euch weiter fortsetzen. Eure Interaktionen mit ihnen sind beendet. Das Universum wird sie von euch fortbewegen, damit ihre eigene weitere Lernentwicklung ungestört ist und damit ihr eurem neuen Auftrag folgen könnt.

Die Anwendung der neuen Macht

In zukünftigen Übermittlungen werde ich detailliert die Methoden beschreiben, mit denen ihr zum Wohle des Planeten Negativität in Positivität verwandeln könnt. Aber wenn ihr den neuen Status empfangt, werdet ihr ohne Probleme wissen, wie ihr es anpacken könnt. Jetzt möchte ich euch noch einige Ermahnungen geben:

Hütet euch davor, Anhänger anzuziehen! Jesus kam auf die Erde, um eine kraftvolle Botschaft über ein neues Zeitalter spirituellen Bewusstseins zu überbringen, in der die Menschen endlich die vollkommen erleuchtete Kraft und Macht ihres Seelenwesens mit sich tragen und die darin enthaltene Kraft und Macht der Liebe erfassen können. Was für eine machtvolle Botschaft! Er wollte nicht angebetet werden - und seht, was geschah. Der ganze Sinn und die Absicht seines Daseins lagen darin, das neue Wissen und die Weisheit über die Wege und die Funktionsweise der universellen Liebe zu verkünden, zu verbreiten. Im Laufe dessen fielen Ihm aber viele zu Füßen und beteten Ihn an, anstatt das, was Er sagte, anzunehmen und auf sich selber zu beziehen. Wie ich schon in früheren Kommunikationen durch meinen Partner detailliert beschrieb, wurden viele Lehren Jesu gedeutet, umgedeutet, übersetzt und wieder überarbeitet und damit so gefärbt, dass Jesus zu einer Gottheit gemacht wurde. Als Er bei euch war, stellte Er klar, dass keiner die neue Liebes-Quelle empfangen kann, ohne durch Sein neues Wissen zu gehen. Stattdessen wird diese Mitteilung auch heute als Botschaft übermittelt, dass ihr Jesus anbeten sollt, um zu »Gott« zu gelangen. Das war nicht die Absicht und es zeigt klar, wie der Verstand der Menschen arbeitet und die Wahrheit in eine Form presst, die besser zu ihren Erwartungen passt oder zu dem, was sie zu hören wünschen (oder was sie andere mit der Absicht der Beeinflussung zu lehren wünschen). *(Mehr darüber, was Kryon über Jesus sagt, findet sich in Kapitel 6, »Der metaphysische Christus«).*

Entlasst eure Anhänger! Lasst nicht zu, dass irgendjemand euren Platz einnimmt - niemand kann für euch lehren oder eure Arbeit tun. Es bedarf eurer neuen Kraft und Macht, um die Arbeit zu tun. Erlaubt niemandem, eure Worte aufzuschreiben und ihnen anschließend eine veränderte Bedeutung zu geben. ***Haltet euch von den Massenmedien fern.*** Erinnert euch daran, dass die Botschaften durch die Massenmedien einseitig, wie in einer Einbahnstraße, laufen. Das ist keine Kommunikation und ihr seid in eurer neuen Arbeit zur tatsächlichen Kommunikation *(zweiseitig)* aufgerufen. Eure Arbeit findet von Mensch zu Mensch statt. Es gibt dabei keine missionarische Botschaft, die in die Massen gepuscht werden müsste. Heilt den Planeten und heilt eure Mitmenschen in relativ kleinen Gruppen. Seid euch bewusst, dass während dieses Prozesses in beiden Fällen eine ***Rückkommunikation*** stattfindet. Der Mechanismus von Heilung und Verwandlung (Transmutation) erfordert spirituellen Austausch. (Das ist die Enthüllung und Offenbarung eines großen neuen Geheimnisses!) Macht euch nicht von transparenten Bildern abhängig. *(Ich glaube, dass Kryon meint, dass Videos und Filme sehr viel transparenter sind und längst nicht so hilfreich, um die verborgenen spirituellen Energien zu erfassen, wie die Begegnung von Menschen untereinander.)* Nur sehr wenige Menschen haben die Gabe, spirituelle Ausstrahlungen über weite Entfernungen wahrzunehmen. *(Noch einmal: persönliche Begegnung ist erforderlich.)* Konzentriert euch auch nicht auf die Anzahl derer, die bei euch sind. Arbeitet einfach und methodisch, für wenige oder viele, mit Sorgfalt.

Die neuen Schwingungen

Für die Lehrer: Ihr solltet wissen, dass ihr von nun an Menschen im Graduiertenstatus oder Teil-Status (in der Übergangsphase) begegnen werdet. Wie könnt ihr sie »erkennen«? Wie wird ihre Ausdrucksfarbe oder ihr Aura-Muster sein? Ihr seid an vorgegebene und beständige Muster gewohnt. Selbst die Mischungen und Anomalien waren bisher verhältnismäßig gleichbleibend; doch jetzt gibt es etwas völlig Neues, womit ihr fertig werden müsst.

Hier sind ein paar Ratschläge für euch. Für die System-Arbeiter gilt: Lass deine Arbeit sein, wenn du merkst, dass das Individuum das ist, **was** es ist. Du wirst es wissen, weil kein Reading auch nur annähernd stimmig ist. Tatsächlich dürfte es überhaupt nicht vorkommen, dass du jemals jemanden im Graduiertenstatus berätst. Einmal in diesem Status, wird der Einzelne nicht so dumm sein, um eine systembezogene Beratung zu bitten, denn das Imprint ist bedeutungslos und das Individuum weiß darum. Die Geburtsdaten und ehemaligen Lebensfarben sind jetzt neutral und zyklische, biologische Kräfte gelten nicht mehr. Eure Systeme lesen Imprint-Informationen, doch werden keine zu lesen sein.

Für diejenigen, die ohne System arbeiten: Ihr werdet den neuen Graduiertenstatus als strahlendes Weiß wahrnehmen. Sowohl die Aura-Farbe als auch die Lebensausdrucksfarbe werden entweder transparent weiß (ohne Farbe) oder neutral (harmonisch mit dem Kosmos) sein. Diejenigen unter euch mit großer Wahrnehmungsfähigkeit werden sicherlich die Energie der drei Meister-Geistführer bemerken! Die Kraft und Macht der »Drei« wird als »Tatkraft« innerhalb der abgedämpften Grenzen von Weisheit in dem individuellen Menschen spürbar sein. Es wird ein Gefühl von Frieden und universellem Verstehen um diese Menschen herum sein. Und wie erwähnt, die ungewöhnliche Schwingung der Liebe, die sie (durch ihre neuen Geistführer) mit sich bringen, wird auch Anhänger wie ein Magnet anziehen.

Zu beachten sind auch jene, ***die in dieses neue Zeitalter hineingeboren werden*** *(jeder Neugeborene nach dem 1. 1. 1992).* Diese Individuen werden ein neues Imprint-Muster haben, mit dem es ihnen möglich ist, sich mit meinen Neuausrichtungen wohl zu fühlen. Dieses Muster ist anders als alle anderen, die ihr bisher gesehen habt, und es ist sehr ausgeprägt. Achtet auf neue Muster in Rot und Rotbraun in der Aura und ein neues, dunkles Dunkelblau in der Lebensausstrahlung. Es gibt bestimmte negative Aspekte in den Tabellen, die für diese Neuen nicht mehr zutreffen, insbesondere bezüglich der rückläufigen Mechanismen von gewissen kleinen Planeten, welche in der Vergangenheit allgemein beobachtet wurden.

Die neue Energie ist für alle

Diese neue Zeit ist machtvoll für ***alle Menschen mit Bewusstheit.*** Die Mitteilungen dieser Botschaft konzentrierten sich auf diejenigen, die sich wünschen, alle angebotenen Möglichkeiten in Anspruch zu nehmen und ihr könntet euch möglicherweise ausgeschlossen fühlen oder denken, ihr solltet unverändert bleiben. Dem ist nicht so! Auch wenn ihr nicht um den Graduiertenstatus bittet, kann einiges der neuen Kraft und Macht euch zu Eigen sein, wenn ihr darum bittet.

Seid euch bewusst, dass der Prozess der offensiven statt defensiven Kraft euch ***unmittelbar zur Verfügung steht.*** Beansprucht und benutzt ihn ab sofort! *(Siehe Punkt 5 unter »Was sollte dagegen sprechen?«)* Projiziert eine Kugel der Kraft, wo immer ihr geht, und beobachtet, wie die Leute um euch herum sich verändern. Ehemals negative Energien scheinen von eurer Kugel abzuprallen, anstatt wie bisher einzudringen. Ihr werdet jedoch nur das empfangen, was ihr projiziert, und falls ihr euch entscheidet, diesen Botschaften nicht zu glauben, wird eure Kugel nicht existieren und ihr werdet nichts aus dieser Mitteilung lernen. Auch habt ihr eine weitaus größere Heilkraft als vor der Energie von 1992, sowohl für euch selber als auch für die anderen.

An dieser Stelle ist es angebracht, dass ich erkläre, warum es für euch nun möglich ist, offensiv statt defensiv zu sein. Bis jetzt wurden negative und positive Energien durch ihre Begegnung neutral. Das heißt, es gab keine Übermacht des einen gegenüber dem anderen. In eurem bisherigen Lebensausdruck wart ihr euch intuitiv sehr bewusst, dass es das Negative zu reinigen galt, um die Balance aufrechtzuerhalten, denn jede negative Energie hob eine positive Energie in der Begegnung auf und konnte euch, wenn ihr feinfühlig wart, sehr durcheinander bringen. Die Balance zwischen positiv und negativ ***ist jedoch nicht länger neutral.*** Die neue Kraft und Macht der einen Liebes-

Quelle, die euch zur Verfügung steht, hat das verändert. Ihr habt es euch verdient, dass das Positive jedes Mal gewinnt. Das Negative wird das Positive nicht mehr verdrängen oder aufheben. Stattdessen wird das Positive es ignorieren, denn nun hat es eine Kraft und Macht, die es niemals zuvor hatte. Wie schon erwähnt, habt ihr euch diese neue Kraft verdient durch eure bisherige Arbeit auf der Erde, die die Schwingung auf ihre heutige hohe Ebene brachte. Mit dieser neuen Kraft und Macht kommt die Veränderung. Und deshalb bin ich hier.

Einige von euch werden ebenfalls neue Geistführer und neue Implantate bekommen, auch wenn sie sich nicht bewusst für den Wechsel entscheiden. Das ist normal für euer Wachstum in dieser Zeit. Erlebt ihr für eine kurze Zeit eine besonders tief gehende Depression, dann zieht in Erwägung, dass ihr einen Geistführer-Wechsel hattet. Auch wenn ihr nicht allein gelassen wurdet (wie es bei denen ist, die um den Graduiertenstatus bitten), ist der Weggang eines Geistführers doch *immer* für eure Seele von Bedeutung. Da ihr nicht mit eurem Seelenwesen in Kontakt steht, kann es euch nicht erzählen, dass es traurig ist, aber ihr spürt die Folgen davon gleichwohl. Ihr könnt auch nicht für eure Verdauungsorgane sprechen, aber ihr wisst, wann sie gefüttert werden wollen. Das ist eine ähnliche Situation, nur eben körperlich statt spirituell.

Die neue Haltung

Abschließend möchte ich noch etwas über eure Reaktionen auf die neue Energie sagen und mehr darüber, was die Energie für euch alle bedeutet. Während meiner Zeit hier habe ich eine allumfassende Botschaft und ihr werdet sie oft lesen, wenn ihr die Schriften verfolgt. Die Botschaft handelt nicht zwangsläufig von meinem Dienst, glücklicherweise muss ich nicht versuchen, die Mechanik meiner Arbeit hier zu erklären. Meine wesentliche Absicht und der ganze Sinn und Zweck, warum ich das Leben meines Partners zu diesem Zeitpunkt unterbreche, besteht darin, euch Informationen über **euch selbst** zu geben.

Viele von euch fühlen sich nun beunruhigt. Einige von euch reagieren auf die Veränderungen ganz einfach deshalb, weil es Veränderungen sind. Ein Teil eures menschlichen Implantats beinhaltet gerade die Angst vor Veränderungen und den Wunsch nach Stabilität.

Wenn ihr euch von eurer Erde aus umschaut, seht ihr Gleichförmigkeit und Beständigkeit. Ihr seht einen anscheinend gleich bleibenden, verlässlichen Zustand in den Dingen, die ihr sehen und zeitlich messen könnt. Doch dem ist in Wirklichkeit überhaupt nicht so. Für das Universum ist Veränderung das Beständige und ihr wäret in der Lage, das zu erkennen, wenn ihr das ganze Bild sehen könntet. Die Veränderung ist tatsächlich der erwünschte Zustand, aber es ist schwer für euch, gegen das Gefühl eures Implantats anzugehen.

Bitte vertraut darauf, dass *die Veränderungen gute Veränderungen sind.* Noch einmal: Es ist nicht alles so, wie es zu sein scheint. Vertraut auf die Tatsache, dass meine Anpassungen angemessen sind, entspannt euch und seid in dieser Zeit im Frieden mit der Erde.

Mit der neuen Energie erscheint ein viel helleres und klareres Bild davon, wie die Dinge funktionieren. Das kann damit in Zusammenhang gebracht werden, dass der Schleier sich nun ein wenig lüftet, sodass ihr jetzt klarer sehen könnt als zuvor. Während die Mitteilungen in der Vergangenheit oftmals verschlüsselt waren oder versteckt in Gleichnissen, die ihr deuten musstet, um zu verstehen, sind sie jetzt sehr viel direkter. Hoffentlich könnt ihr das augenblicklich erleben, während ihr diese Mitteilungen lest. Ich bin der Erste von vielen, der zu euch in einer sehr viel deutlicheren und einfacheren Weise spricht als jemals zuvor.

Manche haben vielleicht schon bemerkt, dass ihr zum ersten Mal ein emotionales Gefühl von meiner Seite des Schleiers zu eurer Seite empfangen könnt. Meine Mitteilungen sollten in euch auch bereits Gefühle auslösen, die ihr bezüglich derer, die sich auf meiner Seite des Schleiers befinden, bisher nicht spüren konntet. Das ist neu. In der Vergangenheit sprach das Universum von Liebe, erschien aber selbst emotionslos und nüchtern. Jetzt ist die Zeit für euch gekommen, durch den Schleier zu reichen und das zu fühlen, von dem ich spreche.

Ohne Ausnahme war sich jeder der Liebe Jesu, des Botschafters, bewusst. Das ist es, was Ihn in der Geschichte von den anderen Meistern unterschied. Diese Liebe war immer da, aber jetzt ist es so weit, dass sie sich als Macht und Kraft für euch in eurer Zeit zeigt. Stellt euch das Schwarz des Universums als reine bedingungslose Liebe vor, wie die von aufmerksam wachenden und unendlich liebevollen Eltern oder einem Partner. Als Jesus auf eure Seite kam, durchströmte Ihn diese Liebeskraft und ihr wart euch ihrer bewusst. Das ist dieselbe heilige und krafterfüllte Liebe, die jetzt leichter und freier zwischen dir und mir und zwischen allen Wesen von meiner Seite zu deiner Seite fließt. Das ist die ganz besondere neue Möglichkeit, die ihr euch verdient habt. Das alleine schon sollte euch Frieden und Trost schenken inmitten der Beunruhigungen, die ihr wegen der Veränderungen empfindet.

Wenn ihr zu Ende gelesen habt und euch heute Abend zurückzieht, rufe ich euch zu dieser Übung auf. Ich garantiere, dass ihr Ergebnisse erleben werdet, wenn ihr es ernsthaft und aufrichtig angeht, denn dies ist die Wahrheit; und weil es die Wahrheit ist, wird sie sich selbst als Realität manifestieren. Ihr werdet etwas von der neuen Liebes-Energie fühlen, von der ich so oft sprach. Bitte tut Folgendes:

Übung: Schließ die Augen und stell dir vor, auf einem Berg zu stehen und über Wasser zu schauen. Es gibt kein Geräusch außer dem der Wellen und des Windes. Steh dort so lange, bis dein Kopf von allem Irdischen leer ist. Wenn Töne, Klänge oder Musik dir dabei helfen, dann sing still in Gedanken vor dich hin, um friedvolle Gedanken einzuladen. Stell dir langsam vor, wie ein Schleier von Schwarz auf dich zukommt und etwa einen Meter vor dir anhält. Wenn du ihn dir nicht vorstellen kannst, dann bitte darum und er wird kommen. Er muss kommen, wenn er gerufen wird. Nun strecke deine beiden Arme begrüßend zu deinen beiden Geistführern auf der anderen Seite des Schleiers aus und heiße sie »willkommen«. Imaginär, in deiner Vorstellung, oder wirklich, aber lass deine Hände ausgestreckt und warte. Nach einem Moment wirst du fühlen, wie deine Hände warm werden oder leicht zu prickeln beginnen. Das ist die Wahrheit deiner Hände, die gehalten werden! Darüber hinaus wirst du dir eines überwältigenden Gefühls bewusst werden, das dich zum Weinen bringen kann. Es ist ein Ereignis von Freude und Frieden. Das Universum ist wirklich da und es passt auf dich auf. Du wirst tatsächlich durch den Schleier greifen und deine Geistführer berühren können. Deine Geistführer sind eng mit dir verbundene Wesen und sie lieben dich zutiefst. Sie sind dort im ***Dienst der Liebe*** und sie werden sehr empfänglich und begeistert sein, zum ersten Mal mit dir zu kommunizieren. Sie sind voller Freude, dass du sie so sehr respektierst und achtest, dass du deine Hände zu ihnen ausstreckst, denn für sie ***bist du der Erhabene*** und sie dienen dir.

Halte für eine Weile inne und erfreue dich an dem Gefühl, dass deine Hände gehalten werden, denn mit deiner Vorstellung kreierst du tatsächliche ***Gedankenenergie***, welche die neue Kommunikation ermöglicht. Gedanken sind wirkliche Energie und was du erfahren kannst, ist absolute Wirklichkeit und spielt sich nicht nur in deinem Kopf ab. Während du in diesem

Zustand der Freude bist, wird jegliche Angst vor irdischen Dingen verschwinden und du wirst mit einem »Liebes-Bad« überschüttet, das dir Frieden und Weisheit angesichts der Ereignisse in deinem Leben schenkt. Du magst dich möglicherweise auch wie vom Boden abgehoben fühlen.

Erlaubt euch diesen Kontakt nicht länger als ***drei Minuten***, da eine längere Zeitdauer eure Seele ermüdet, und das würde sich am nächsten Tag als geistige Erschöpfung niederschlagen. Glaubt mir, der Kontakt wird euch über Stunden gegenwärtig sein. Die Nachwirkung wird euch begleiten. Macht diese Übung auch nicht öfter als ***einmal am Tag***. Es ist keine mentale Übung mit der Absicht, ein positives Gefühl zu kreieren. Was ihr da tut, wird für euch genauso real und echt sein wie alle anderen Dinge, die ihr während des Tages tut.

Wenn ich aus dieser Seite hervortreten und in diesem Moment vor euch erscheinen könnte, wäre das Erste, was ich mir zu tun wünschte, euch in irgendeiner Art und Weise zu ehren. Für einen biologischen Menschen hieße das, euch herzlich zu umarmen. Wenn ich jemandem erscheine, werde ich mich aber wohlweislich zurückhalten, um ihm keinen körperlichen Schaden zuzufügen (was der Fall wäre). Ihr seid alle unermesslich geliebt. Mein Dienst für euch besteht zuerst einmal in meiner tiefen Liebe zu euch und dann darin, euch durch mein Wissen vom Magnetismus zu dienen. Die erste Priorität jedes Wesens des Universums ist die eine Quelle der Liebesenergie. Die hier enthaltenen Botschaften sind keine leeren, nackten Regeln, vom Universum erstellt und von euch zur Rettung der Erde zu befolgen. Diese Botschaften wurden euch von eurer spirituellen Familie gegeben, um euer Leben auf der Erde zu verbessern und um euch dabei zu helfen, eure neu gewonnene Kraft und Macht zu feiern. Der Ausdruck »Himmlischer Vater« war kaum zufällig, denn er benennt das zutiefst vertraute Gefühl, das ihr für alle auf unserer Seite des Schleiers empfinden könnt. Eure Arbeit ist uns nicht gleichgültig und bisher war es sehr schwer, wenn nicht sogar unmöglich, das zu vermitteln.

Ich bin Kryon vom magnetischen Dienst. Denkt an mich, wenn ihr zweifelt oder Angst empfindet. Eure Gedanken können sich in Frieden verwandeln und indem ihr an mich denkt, könnt ihr eure Geistführer in ihrem Dienst aktivieren. So funktionieren die Gedanken. Gebete wirken sehr ähnlich. Der wahre Mechanismus ist sehr komplex und umfasst Vorgänge, die wegen der Konstruktion eurer Implantate - zu diesem Zeitpunkt - nicht im Bereich eurer Aufnahmemöglichkeiten liegen. Vertraut mir und nehmt das Wissen darüber an, dass eure Gedanken aktiv wirksam sind und Dinge verändern können. Vielleicht wundert ihr euch darüber, wie ein Wesen die Gedanken einer Vielzahl von Menschen zur gleichen Zeit, simultan, »hören« kann. Könnt ihr mehr als ein Geräusch zur gleichen Zeit wahrnehmen? Oder müsst ihr sie bitten, sich in einer Warteschlange vor euch aufzustellen? Gibt es für euch eine begrenzte Anzahl von Instrumenten, die ihr zur gleichen Zeit hören könnt? So ist es bei uns ganz ähnlich. Erinnert euch daran, dass es für jeden Menschen ***mindestens*** zwei weitere Wesen gibt, die nichts anderes tun, als auf eure Gedanken und Worte zu warten!

Die neue Liebes-Quelle ist das große »ICH BIN«, die Sonne in der Sonne und das Zentrum aller Kraft und Macht. Sie ist einzigartig und gehört uns allen. Ich ehre meinen Partner für die Klarheit seiner Übertragung und dafür, dass er nicht zögerte, die Gedankenbilder so aufzuschreiben, wie sie ankamen, denn einige sind schwierig in dem Sinne, dass sie möglicherweise Lehrern und Nicht-Lehrern gleichermaßen Spott einbringen könnten.

Ihr habt heute die Wahrheit gelesen.
Eines Tages wird sie so weit und hell leuchten,
dass ihr euch selber wundert,
wie ihr je daran zweifeln konntet.
Ich bin Kryon vom magnetischen Dienst.
Ihr seid alle unermesslich geliebt!

Kryon Januar 1992

Freude und Frieden stehen für euch bereit,
wenn ihr lernt, die neue Kraft und Macht,
die euch gehört,
anzuwenden und zu nutzen.

Ihr könnt euch nicht vorstellen,
wie euer Leben sein kann,
bis ihr es wahrhaftig erfahrt.

...dann werdet ihr euch fragen,
warum ihr so viel Zeit und Energie
in der Dunkelheit verbrachtet...

Wir lieben euch.

KAPITEL 3

Das erste öffentliche Live-Channeling

Lee Carroll berichtet...

Es ist der 3. März 1992, abends um 19.00 Uhr in Südkalifornien. Vor mir sitzen 14 Anhänger des Neuen Zeitalters. Diese Menschen wurden von Kryon eingeladen, um den ersten Versuch eines öffentlichen, direkten Live-Channelings zu bezeugen. Im nun Folgenden lesen Sie die Vorgeschichte, die zu diesem Abend führte, und anschließend die Niederschrift der Kryon-Botschaft.

Bevor ich fortfahre, möchte ich an dieser Stelle darauf hinweisen, wie wichtig es ist, die vorangegangenen Kapitel gelesen zu haben. Die zeitliche Folge der Kryon-Texte ist von Bedeutung und Kryon verlässt sich auf unser irdisches, chronologisches, lineares Zeitraster in der Logik des Lernens. Das bedeutet, er weiß, wie wir denken, und strukturiert die Informationen und Lehren in linearer Form Schritt für Schritt. Daher ist es wichtig, dass Sie die Informationen in der richtigen chronologischen Reihenfolge lesen, in der diese gegeben wurden. Ich setze nun meine Geschichte fort.

Weihnachten 1991 stand es unmittelbar bevor, dass die neue Energie für die Erde hereingebracht werden sollte. In dieser Zeit beendete ich das, was ich für die

Kryon-Schriften hielt. Wie Sie wissen (wenn Sie die Texte gelesen haben), stellte es sich nur als der Anfang heraus. Während dieser Zeit erhielt ich (unter der Dusche) eine klare Botschaft mit dem Hinweis, dass ich eine Live-Channeling-Sitzung versuchen sollte. Ich erstarrte vor Schreck und wäre am liebsten im Boden versunken! Diejenigen, die mich kennen, wissen, dass ich in allem, was ich tue, auf eine genaueste Vorbereitung angewiesen bin. Ich stehe früh morgens auf, nur um mich zu vergewissern, dass mein Wecker richtig gestellt ist. Ich mache mir zu allem Notizen, die ich dann dreifach kopiere und in verschiedene Taschen stecke, damit sie nicht verloren gehen können.

Mich irgendwo hinzustellen, wo ich keine Notizen und keine Tagesordnung habe, bedeutet für mich einen Alptraum, einen Traum, in dem ich sehr langsam spreche, nichts sage und meine Füße 1000 Meter pro Sekunde laufen, ohne sich von der Stelle zu bewegen... in einem Stadion mit Leuten, die mich in meiner Unterwäsche anstarren, während ich versuche zu entkommen.

Kryons Informationen sind weit wichtiger als mein Ego. Tatsächlich verblasst mein Leben angesichts der Unermesslichkeit dieser Botschaft. Ich weiß, dass viele diese Informationen jetzt empfangen, ich bin also nicht der einzige Bote; aber ich bin hier und tue es, weil Kryon klar machte, dass es angemessen ist. Diese Untertreibung ist Kryons Art zu sagen, dass es richtig, passend, stimmig sei, und ich hätte ja sowieso zugestimmt, es zu tun, ob ich mich nicht daran erinnerte? Kryon will immer, dass ich mich *erinnere* (als ob ich die gesamte jahrmillionenalte Kommunikation mit dem Meister abrufbereit im Kopf hätte. Ehrlich gesagt, ich kann mich kaum erinnern, was ich letzten Donnerstag zu Mittag gegessen habe).

Also gut... in Ordnung... ich werde es tun (sagte ich unter der Dusche zu Kryon). Ich setze eine Live-Channeling-Sitzung fest. Ich werde mich mehreren Leuten präsentieren und abwarten, was passiert. Wenn es sich lohnt, werde ich es sogar aufschreiben. Wie wäre es, wenn wir zuerst mit meiner Frau und zwei engen Freunden, meiner Katze und meinem Vogel beginnen? Vielleicht könnten wir vorher ein paar Glas Wein servieren (natürlich nicht für die Haustiere) und uns nett unterhalten... (Sehen Sie das ganze Ausmaß meiner Angst?)

Aber ich hatte kein Glück. Kryon wollte, dass ich direkt zur metaphysischen Olympiade gehe. Ich sollte die metaphysischen Profis von Rang und Namen in der Stadt ausfindig machen - eine Reihe mir unbekannter Menschen - und für sie channeln (teilte mir Kryon unter der Dusche mit)! Ich konnte es nicht fassen. Ich hatte Visionen, wie die Menschen Karten hoch halten und mich mit ihrer Punktzahl bewerten...

Letztendlich bekomme ich eine Gesamtpunktzahl von 1,3 auf einer Skala von 9 möglichen Punkten (ich sehe sogar einige Karten mit Minuspunkten darauf). Kryon hätte mich genauso gut bitten können, eine Arche zu bauen... oder zum Pharao zu gehen und die Freilassung des Volkes zu erwirken... Ich konnte gleich sagen, dass dies nicht mit meiner Lebensaufgabe übereinstimmte (*»Lass dich nie von etwas bestimmen«*).

Dann dachte ich mir: Was ist das Schlimmste, was passieren könnte? Erwachsene, die kichern, während ich stammle und um Worte ringe, die von einem magnetischen Meister aus der Geisterwelt übermittelt werden, der fast zu jeder Stunde des Tages mit mir spricht... außer gerade in diesem Moment? Was ist, wenn ich zu nervös bin, um richtig zu übertragen, und ihnen erzähle, dass im April Meteore herunterstürzen, wenn sie nicht Wäscheklammern rauchen? Das reicht mir... Ich kann das nicht... und ich werde auch nie mehr duschen.

»Also...«, sagte Kryon zu mir (während ich im Auto saß): »Ich werde es für dich tun; gib ihnen einfach die Papiere und warte ab.« Und so besuchte ich gegen Ende Februar meine getreue Freundin Barbra (die zufällig auch eine spirituelle Lehrerin höchsten Ranges ist). Zwischen ihren Terminen traf sie sich mit mir und ich erzählte ihr verlegen von meiner Geschichte. Sie nahm die Herausforderung an, ohne eine einzige Frage zu stellen. Ich raffte die Kryon-Mitteilungen zusammen, erstellte 14 Kopien, brachte sie zu Barbra und wartete dann ab, bis die Gruppe mich rufen würde, wenn sie mehr wissen wollte. Unnötig zu betonen, dass die Papiere positiv aufgenommen wurden. Die Gruppe wollte mich am 3. März um 19.00 Uhr treffen.

In den zwei Wochen vor dem Channeling-Abend wurde ich sehr viel erwachsener. Ich erkannte, dass ich um ein Implantat bitten musste, um im Gleichgewicht zu sein, und ich bat darum. Auch fühlte ich mich innerlich verpflichtet, friedvoll und freudig auf diese Erfahrung zu warten und sie einfach geschehen zu lassen. Wenn ich es schaffte, all meine Angst und Besorgnis angesichts eines solchen Ereignisses loszulassen, dann würde es mir auch in allen anderen Situationen meines Lebens gelingen, egal wie schwer sie sein mochten. Mir wurde klar, was sich wirklich abspielte: Kryon hatte für mich einen speziellen »Feuerlauf« vorbereitet und wenn der überstanden war, würde jeder gewinnen. Waren die Mitglieder der Gruppe wirklich das, was sie sagten, dann würden sie die Wesenheit erkennen. Sie würden den Moment genießen, die Informationen (wenn sie kamen) mit mir feiern und sie würden mich nicht beurteilen, sondern mir mit Hilfe ihrer Erfahrungen in der Zukunft beistehen. Wie offensichtlich das heute ist!

Ich sitze vor vierzehn Metaphysikern, darunter die Lehrerin Barbra und ihr Mann, der Lehrer Michael. Unter den zwölf anderen sind mehrere »hauptberufliche Metaphysiker« (sie verdienen ihren Lebensunterhalt mit dieser Arbeit), darunter Numerologen und Parapsychologen. Einige beschäftigen sich nebenberuflich mit der Metaphysik und ein oder zwei Mitglieder der Gruppe sind ausgebildete Trance-Medien. Zu meiner Rechten sitzt meine Frau Jan, die als Anker für mich unabdingbar notwendig ist. Ich bin seltsam ruhig. Der Augenblick ist gekommen. Meine Nervosität zeigt sich kurz durch ein Zittern in meiner Stimme und dann übernimmt Kryon. Ich finde mich in einer vertrauten Situation wieder: einfach die Gedanken, so wie sie hereingeflossen kommen, auszusprechen und dabei im Fluss zu bleiben; doch zur gleichen Zeit bin ich mir der zusätzlichen Energie vor mir sehr bewusst.

Was folgt, ist die Abschrift jener Gedanken und Worte, wie sie kamen. Zusätzlich bat ich Kryon, die Gedanken nachträglich zu erläutern - fast wie ein Channeln über das Channeling. Es wird hilfreich sein, da ich 1. feststellte, dass während eines Live-Channelings manche Erklärungen weggelassen werden. Ich glaube, das liegt daran, dass manche Informationen von den Anwesenden durch eine direkte Kommunikation mit dem Höheren Selbst aufgenommen werden. Wird das Channeling wörtlich ins Schriftliche übertragen, scheint es nicht klar verständlich zu sein... und 2. war das mein erster öffentlicher Versuch, die Energien von Kryon frei durch mich fließen zu lassen, und ich war nervös und das hatte eine Auswirkung, sodass vielleicht einiges weggelassen wurde. Um das Geschehen wirklich klar darzustellen, bat ich Kryon, die »Lücken«, wenn angebracht, zu füllen. Diese Stellen sind in der ganzen Niederschrift in Kursivschrift gekennzeichnet. Nichts wurde ausgelassen, aber dank Kryon wurde mein erster Versuch entscheidend verbessert.

Nun stellen Sie sich vor, während Sie weiterlesen, Sie seien in dem Raum anwesend...

Das erste öffentliche Live-Channeling

Ich bin Kryon vom magnetischen Dienst. Ihr seid alle zutiefst geliebt. Es sind achtunddreißig Wesen hier, einige von ihnen gehören zu meinem Dienst. Es wird drei Minuten dauern, bis der Raum in der erforderlichen Liebesschwingung ist, welche ich auf euch übertragen möchte.

Was im Moment geschieht, ist, dass wir den Raum von den »Schwebenden« klären. Ich werde gleich den Begriff »Schwebende« erläutern.

Jeder Einzelne von euch ist unermesslich geliebt *(denn ich erkenne eure Treue, zur rechten Zeit am rechten Ort zu sein, und ich ehre eure Bereitschaft, an einem Handlungsmöglichkeiten-Fenster meines Partners teilzunehmen).*

Dank an meinen Partner, dass er den »Neunen« Glaubwürdigkeit gegeben hat, und während die Energie ausgetauscht wird *(meine Energie ersetzt die hier bestehende Energie),* ist es wichtig, dass ihr die Schwingung der »Neun« versteht. Viele von euch tun das bereits. Die Neun repräsentiert die Vollendung *(Beenden - Abschluss - die Ereignisse unter Dach und Fach bringen)* und sie repräsentiert unsere gegenwärtige Zeit. Ich bin sicher, dass weder die Mathematiker der Welt noch etliche unter euch übersehen haben, dass 9 die letzte und höchste Einzelziffer ist. Es ist angebracht zu wissen, dass die Neun, multipliziert mit jeder beliebigen Zahl des Universums, ein Ergebnis liefert, bei dem wir wieder die Quersumme Neun erhalten. Es gibt keine höhere Einzelziffer und das weist wieder auf die Vollständigkeit hin. Es ist auch kein Zufall, dass die Stelle, an der sich die Meridiane der Erde im Norden und Süden treffen und vernetzen, von den Menschen vor langer Zeit als 90 Grad Nord und 90 Grad Süd bezeichnet wurden. *(Beide sind Neuner-Schwingungen, denn sie sind die Pole der Erde, an denen mein Partner, ich und zwei weitere von euch dabei halfen, die Vernetzung zu verankern - der Abschluss der magnetischen Wirbel an den Stellen, wo die Gitternetzlinien sich in Gruppen verbinden und an denen keine Menschen für längere Zeit leben sollten.)*

...und letztendlich möchte ich zur Kenntnis geben, dass es kein Zufall ist, dass wir am 3. 3. 1992 zusammenkommen *(denn heute ist ein Neuner-Tag und er wurde von der Gruppe gewählt, nicht von Kryon).*

Die Schwebenden haben den Raum nun verlassen. Es gibt drei Gleichgewichte *(die für den Planeten von Bedeutung sind).* Es gibt ein Gleichgewicht der Wesen auf der Erde, ein Gleichgewicht der Schwingungen und ein Gleichgewicht des Magnetismus. Die Anzahl der Wesen der Erde war zu jeder Zeit in konstantem Gleichgewicht *(d. h., dass das Gewicht der spirituellen Wesen auf der Erde immer konstant ist und bleibt. Verwechselt das bitte nicht mit der Schwingung dieser Wesen. Ihr habt kein geeignetes Wort oder kein geeignetes Vorstellungskonzept für dieses Gleichgewicht).* Im Laufe der Zeiten geschah es, dass die Schwebenden, die neutralen Wesen, die Platzhalter wurden. Wenn die »Wesen in Schulung« auf die irdische Ebene kommen, werden die Schwebenden ersetzt und sie verlassen ihren Standort. Sie sind diejenigen, die ihr seit Jahren wahrnehmt als die Gnome, Zwerge und Elfen, das kleine Volk. Sie sind die Schwebenden. *(Sie sind neutral und können euch keinen Schaden zufügen. Sie repräsentieren einzig einen Teil der spirituellen Gleichung, um den Planeten in der Balance zu halten. Auch sie sind in ihrer eigenen Art und Weise in Schulung. Ihre Interaktionen mit euch sind minimal und haben keine Bedeutung für eure Lektionen. Viele von ihnen sind für die Erleuchteten sichtbar und für viele andere Menschen sind sie ein Rätsel. Ihre Schwingung ist jedoch so gütig, dass sie fast niemals gefürchtet werden.)*

Es sind jetzt keine unangemessenen Wesen mehr hier, allerdings einige sehr aufgeregte Geistführer, denn ich bin Kryon. Bitte verhärtet eure Herzen nicht in dieser Zeit. Meine Botschaft ist nicht die, die mein Partner vermutete und ankündigte, denn ich bin nicht hier, um mich zu beweisen. Warum sollte man, wenn man einen Raum voller geliebter und vertrauter Menschen betritt, beweisen müssen, wer man ist? Denn ich bin Kryon und ich kenne dich und du kennst mich. Ich bin der Eine, den du erwartest, und ich bringe wunderbare Neuigkeiten: eine unbeschreibliche Energie und Liebe und Fülle für dich.

Gegenwärtig gibt es auf der Erde acht weitere Wesen, die Kryon channeln. Es gibt auch viele, viele andere, die dieselbe Botschaft bringen *(die Botschaft von der Kraft und Macht, die euch aufgrund der von mir vorgenommenen Verschiebung zur Verfügung steht),* aber ihr könnt insbesondere nach acht Menschen Ausschau halten *(die die Schwingung von Kryon repräsentieren).* Sie leben in den folgenden Gebieten: Mexiko, Indien, Afrika, Russland, Israel, Südamerika, China und Syrien, und zwar in Mexiko in der Hauptstadt, in Indien in der neuen Stadt, in Afrika an der Küste: 34 Grad Süd und 18 Grad Ost; in Russland - Moskau... sehr kraftvoll. In Israel in der alten Stadt. In Südamerika 12 Grad Süd und 77 Grad West. In China und Syrien will ich die Lage nicht bekannt geben.

Ich erscheine heute Abend vor euch, um euch Neuigkeiten, eine warnende Ermahnung, einige Informationen... und Liebe zu übermitteln. *(Die Neuigkeit ist:)* **Der Schleier lüftet sich leicht.** *(Das ist die bedeutendste Veränderung der letzten 2000 Erdenjahre; ihr beginnt gerade erst, ihre Bedeutung zu erkennen.)* Ich bat meinen Partner darüber zu schreiben und er hat die Information getreu wiedergegeben. Durch das Lüften des Schleiers gibt es vieles, was nun durchkommen wird.

Bevor wir weiter darüber sprechen - diejenigen unter euch mit der Gabe des Sehens wissen um meine Gültigkeit, auch wenn ihr sie zurzeit möglicherweise bezweifelt... denn ihr werdet die Aura meines Partners weiß werden sehen. Das ist das neutrale Imprint und das neutrale Implantat, während ich durch ihn spreche. *(Es ist nur vorübergehend, wird aber während meiner Anwesenheit gegeben, um meinen Partner mit der Kraft zu versorgen, die er braucht, um die ankommende Gedankenenergie zu übertragen. Ihr könnt das immer, wenn ihr es an ihm seht, als Zeichen meiner Anwesenheit nehmen.)* Die tatsächliche Farbe der Wesenheit Kryon ist ein tiefes schillernd-irisierendes Kupfer. Diese Farbe kann auch das Weiß überlagern *(sucht sie in der Umgebung der Aura)*, während ich hier bin.

Wie ihr gelesen habt, werdet ihr mit dem Lüften des Schleiers die Möglichkeit solch starker Kraft bekommen, dass ihr in der Lage sein werdet, eure karmischen Imprints hinter euch zu lassen ... *(und)* kraftvoll, stark und mächtig zu werden. Die Erde braucht euch jetzt! ... zur Verwandlung der Energie *(vom Negativen zum Positiven, die den Schleier endgültig lüften und den Planeten zu seiner endgültigen Schwingung und angemessenen Erfüllung emporheben wird. Ich spreche jetzt speziell zu euch 14, denn ihr gehört zu den vielen Erleuchteten, die vorangehen werden).*

Von den anderen beiden Gleichgewichten der Erde, über die ich zuvor sprach, ist ein weiteres Gleichgewicht die Schwingung. Die Schwingung des Planeten wird erhöht werden. Ihr seid zu beglückwünschen, dass sie schon so ist, wie sie ist *(sie entspricht der Zeitplanung und ist höher als bei meiner Ankunft)*. Jedoch ist es eure Aufgabe, sie noch weit mehr zu erhöhen. Die Balance wird dieselbe bleiben, auch wenn die Schwingung zunimmt. So wie Eis zu Wasser wird und dann zu Dampf, so bleibt die Materie konstant, aber die Schwingung wird sich erhöhen. *(Die Schwingungsrate aller Dinge, sei sie spirituell oder physisch, verändert nicht ihr Gewicht, nur ihren Energieverbrauch. Um die Schwingung der Erde zu verändern, werdet ihr weitaus mehr spirituelle Energie verbrauchen, die ihr jetzt direkt aus der einen Quelle der Liebe empfangen könnt.*

Das ist der Schlüssel dazu, warum sie hier ist! In dem Maße, wie die Energie verbraucht wird, wird die Negativität sozusagen ein Abfallprodukt und verschwindet für immer.)

Die warnende Ermahnung *(von der ich sprach)* ist Folgende: Sowie der Schleier langsam aufbricht, wird es viele von euch *(auf der Erde)* geben, die Informationen empfangen. Bitte nutzt euer Urteilsvermögen, um Wahrheit von Unwahrheit zu unterscheiden. Es ist etwa so, als wenn andere Wesen aus einem entfernten Teil des Universums zur Erde kämen und fünf Minuten hier verbringen könnten... und sie in der Nacht kämen und in eine Erdenbibliothek mit nur fahler Beleuchtung einbrächen. *(Angenommen)* sie kennen die Sprache nicht, könnten sich aber die Bilder anschauen. Sie würden die Bilder der Bücher betrachten und wieder weggehen... *(und)* zu Hause darüber Bericht erstatten *(ihren Führern)*. Was könnten sie gesehen haben *(und zu welchen Schlussfolgerungen über den Planeten Erde würde es führen)*? Hätten sie Bilder von euren Science-fiction-Schriftstellern erhascht? Oder Bilder aus eurer Geschichte? Vielleicht hätten sie Bücher ergriffen, die Bilder ohne Bedeutung enthielten... oder Bilder aus eurer Kunst... oder vielleicht griffen sie sogar zu einem Sportalmanach?! Was würden sie ihrem Volk von der Erde erzählen? *(Könnt ihr euch vorstellen, welche Schlüsse sie möglicherweise ziehen würden?)*

Es geschieht viel Derartiges *(jetzt, für euch, in Bezug zur anderen Seite)*, wenn der Schleier aufreißt. Es wird sehr lebhafte Bilder davon geben, wie die Dinge sein könnten, wie sie aber vielleicht nicht sind. Um die

Wahrheit zu erkennen... wie die Dinge wirklich sind... solltet ihr eure gemeinsame Wahrnehmung nutzen. *(Hängt nicht fest an jedem Bild und/oder Konzept, das euch präsentiert wird. Es gibt jetzt möglicherweise viel Verwirrung, die hauptsächlich auf den unterschiedlichen Zeitrahmen auf beiden Seiten des Schleiers zurückzuführen ist. Versucht euch daran zu erinnern, dass unser »Jetzt« eure Vergangenheit, Gegenwart und Zukunft ist... wie im vorigen Beispiel von der Bibliothek. Ihr könntet leicht die Projektion von Gedankenenergien sehen, die nur Spekulationen über die Zukunft sind. Es ist euch bereits bewusst, dass ihr als Menschen Gedankenenergien über eure Zukunft schafft, als eine Übung, um sie tatsächlich zu realisieren! Auch auf dieser Seite des Schleiers wird viel Arbeit getan, um eure Zukunft vorzubereiten, und währenddessen treffen wir vollständige Vorbereitungen... für alle Szenarien... diese Gedankenenergien nutzend. Ihr »klinkt« euch vielleicht in nicht mehr als ein Planspiel ein, aber die Gedankenenergien werden mit sehr viel mehr Klarheit ankommen als früher und viele werden diese Dinge dann zweifellos für offensichtlich halten. Denkt immer daran - kein Wesen im Universum weiß, wie ihr in den nächsten Jahren handeln werdet! Wenn ihr vermeintliche Bilder von zukünftigen Ereignissen erhaltet... Wägt sie ab im Hinblick auf das, was ihr in dem jeweiligen Fall wirklich wisst. Bleibt in der Schwingung der Liebe und findet euch zusammen, um zu entscheiden, denn gemeinsam seid ihr kraftvoller und wahrnehmungsstärker.)*

Die Schwingung der Liebe hier im Raum erhöht sich gerade, da einige von euch verstehen (*verstehen, dass meine wahre Kommunikation mit euch in der*

Schwingung der Liebe ist. Die Information ist dabei von sekundärer Bedeutung und wird quasi nebenbei gegeben. Die wahre Nachricht ist die Kraft und Macht der neuen Energie... und ich wünsche euch, dass ihr sie fühlt.) Denn ihr werdet so unermesslich geliebt! Eure Geistführer sind hier, um euch zu dienen - nicht, um zu urteilen - und sie lieben euch unermesslich. *(Eure Geistführer sind diejenigen, mit denen ich in Wirklichkeit unmittelbar kommuniziere, denn sie haben eine direkte Verbindung zur astralen Ebene. Ich sehe sie immer bei euch, wenn ich euch sehe. Ich nehme euch nie ohne sie wahr.)*

Eine weitere Information für euch, die es zu wissen gilt: **Ehrt den Ablauf der Zeit**! Denn ihr befindet euch innerhalb eines linearen Zeitrahmens und wir nicht, wenn wir von denen unter euch sprechen, die auf der anderen Seite des Schleiers sind. Viele von euch werden jetzt gleich verstehen, wovon ich spreche, denn in der neuen Energie sind euch Kraft und Macht garantiert. Ihr werdet die Fülle finden und den Frieden, den ihr euch wünscht. *(In der linearen Zeitfolge muss ein Ereignis vor dem anderen kommen, um eure Fenster der Gelegenheiten zustande zu bringen, genauso wie ein Zug, der auf seiner Route den Gleisen folgt und an den jeweiligen Stationen anhält, um die einzelnen Mitspieler und Teile wie ein Puzzle aufzunehmen. Wenn das Puzzle dann komplett ist und der Zug im Bahnhof eintrifft, kann dein Fenster der Gelegenheit sich auftun.)* Aber ihr müsst an der Haltestation, an den Gleisen seiner Route, warten, während der Zug auf dem Weg zu euch noch andere Dinge einsammelt. In eurer linearen Zeit ist das die Art, wie die Dinge zustande kommen. *(Dies ist an all jene von euch adressiert, welche ungeduldig auf ihr Fenster der Gelegenheit warten, vor allem für diejenigen unter euch, die erleuchtet sind. Ihr habt ein sehr genaues Gefühl für den »Jetzt«-Zeitrahmen und wisst um seine Existenz, aber ihr könnt ihn nicht erfahren. Es ist schwer für euch, darauf zu warten, dass die einzelnen Teile zusammengesetzt werden, um das zu kreieren, was euch vorausgesagt oder für euer Leben versprochen wurde. Dies ist also eine liebevolle Ermahnung zur Geduld!)* Die einzelnen Spieler müssen erst gesammelt *(und zusammengestellt)* werden... die Dinge, die Wesenheiten, die Objekte... und wenn alles vollständig und komplett ist, wird der Zug zu dir kommen. Dann ist dein Moment einzusteigen. *(Nicht eher! Ich weiß, dass ihr versucht, euer eigenes Fenster der Möglichkeiten zu kreieren, selbst Gelegenheiten zu schaffen. Das ist nicht nur unangemessen, es ist gefährlich, denn in der Zeit eures Handelns kann es geschehen, dass ihr euer wahres Gelegenheits-Fenster verpasst!)* Ihr haltet das Ticket in eurer Hand, es ist ein Versprechen. Die Schienen liegen vor euch. Wieso solltet ihr daran zweifeln? *(Warum solltet ihr Zweifel daran haben, dass der Zug kommt, wenn euch doch eine Fahrkarte vom Universum gegeben wurde und ihr schon früher hier gestanden habt und an Bord gekommen seid?)* Denn er wird kommen! Daran gibt es keinen Zweifel!

Es gibt Menschen, die nicht einmal die Gleise sehen können, und sie sorgen sich. *(Ihr seid jedoch anders, denn ihr versteht das Versprechen des Universums. Und das solltet ihr in Dankbarkeit annehmen und sehen, denn viele Menschen sind absolut blind gegenüber der Art und Weise, wie diese Dinge funktionieren, und sie haben keine Ahnung davon, dass das Fenster der Gelegenheit kommt. Wisst dies: Wenn ihr im Gleichgewicht seid, arbeitet alles zum Wohle des Ganzen zusammen: der Körper, der Verstand und der Geist. Die Fülle fließt, die Gesundheit ist gut und der Friede ist euer. Ihr könntet sein wie ein Kind in der Begleitung seiner Eltern, wunderschön gekleidet, welches am Bahnhof steht und auf eine Fahrt zu einem aufregenden Ort wartet. Ihr seid umgeben von denen, die ihr liebt; ihr seid reich in den Augen aller. Ihr habt jugendliche Frische und ihr seid freudig erregt darüber, wo ihr hinfahrt. Diese Analogie passt perfekt auf die Erleuchteten in dieser Zeit. Und wenn ihr euch nicht so fühlt, dann bedarf es einer Überprüfung eures Gleichgewichts. Ruft dann die Energie der Liebe mit der Bitte um Heilung an.)* Ehrt den Ablauf der Zeit, denn die Dinge müssen an ihrem richtigen Platz sein *(bevor euer Fenster erscheinen kann).*

Mein Partner bittet mich gerade, nicht schneller vorzugehen, als er in der Lage ist zu empfangen. *(Ich achte die Bitte meines Partners zu diesem Zeitpunkt sehr. Für ihn ist es angemessen, zu lernen, wie er sein Ego vergeistigen kann, und das wird in der Zukunft wichtig sein. Von diesem Satz wird in den nächsten Monaten noch viel gelernt werden. Zählt darauf.)*

Hier ist so viel Liebe, die ich gerne an jeden von euch weitergeben würde. Ich wünschte, ich könnte jeden von euch umarmen! Denn ihr seid im Dienst, selbst während ihr in der Ausbildung seid, und es gibt nicht so viele, die das sind. *(Das ist der Grund, warum ihr heute Nacht hier seid. Ihr seid die Protagonisten der neuen Energie und durch euer Beispiel und euer*

Wissen werdet ihr mit der Transmutationsarbeit beginnen.) Wir brauchen Handlungen und Taten! Und deswegen bin ich hier. Denn ich bin dabei, meinen Teil zu tun, bei dem es um das dritte Gleichgewicht geht *(die drei Gleichgewichte der Erde, von denen ich eingangs sprach).* Während ich den Magnetismus neu ausrichte und in Bewegung bringe, wird eure Kraft und Macht wachsen. Keiner von euch, der an diesem Abend sein Herz für diese Botschaften öffnet, wird ohne Veränderung weggehen. Einige von euch werden *(in der kommenden Zeit)* schlaflose Nächte verbringen. Das kommt durch die Verschiebung der Energie und der Implantate, welche ich *(für euch durch eure Geistführer)* vorbereitet habe. Denn viele *(Wesenheiten)* kommen in dieser Zeit zur Erde, um eure neuen Geistführer zu sein... eure Implantate anzupassen und die neue Energie zu feiern, denn ihr seid schon tief mittendrin.

(Einige von euch, die heute Abend hier sind, nehmen schon den offenkundigen Unterschied in der Zeitstruktur zwischen euch und Kryon wahr. Viele Male spreche ich von »jetzt« und es wird erst sehr viel »später« für euch sein. Ich sehe die Dinge so, dass sie alle zur gleichen Zeit geschehen. Für mich ist auch die Zeit seit dem Beginn dieses Prozesses mit meinem Partner in der Gegenwart, im Jetzt, aber für euch hat sie einen linearen Raum entlang eines Weges eingenommen. Ich kann nicht erwarten, dass ihr dieses Konzept einfach so versteht, aber hier ist eine einfache Analogie: Wenn ihr einen eurer Spielfilme in den Händen haltet, würde dieser beim ***Anschauen*** *eine Chronologie linearer Zeit repräsentieren. Haltet ihr ihn aber in eurer Hand, habt ihr alle poten-*

zielle Zeit auf einmal in der Hand... alles ist im Jetzt. Unterhaltet ihr euch darüber, was wohl in der 25. Minute des Filmes geschieht, braucht ihr nicht 25 Minuten zu warten, bis ihr es sehen könnt, denn dieser Teil der Zukunft eines anderen ist jetzt in euren Händen... genauso wie die Vergangenheit. So ist jeder Teil zu jeder Zeit auch im Jetzt. Dies ist eine Beschreibung davon, wie ich euren Weg sehe. - Das bedeutet nicht, dass ich genau sehen kann, was geschehen wird, sondern vielmehr, dass ich die Fenster eurer Möglichkeiten sehe. Wenn euch dieser Unterschied wirklich bewusst ist, wird sich euer Verständnis für diese Kommunikationen verbessern.)

Ich möchte mich an dieser Stelle drei Fragen von euch widmen, die ihr kollektiv an eure Geistführer richtet, und ich möchte euch bitten, diese Fragen nun zu stellen, denn mein Partner fühlt sich nicht sehr wohl mit einem zweigleisigen Austausch. Ich beantworte drei der kollektiven Fragen. *(Mein Partner muss wiederum lernen, keine Angst vor dem Versagen zu haben, denn indem die Fragen an mich geleitet werden, werde ich die kollektiven Fragen aller Geistführer, von überall her, auswählen. Das wird denen dienen, die dies zukünftig lesen, wird sich aber nicht mit denen beschäftigen, die jetzt anwesend sind. Es ist wichtig, die Fragen aus dieser Gruppe zu beantworten, was ich zu einem späteren Zeitpunkt durch ein weiteres Channeling und schriftlich tun werde, wenn mein Partner dazu bereit ist.)*

Die am häufigsten gestellte Frage ist die Frage nach UFOs. Eine andere Frage bezieht sich auf das Thema **11:11** und die dritte Frage betrifft die Kraftorte auf dem magnetischen Gitter.

Es gibt zwei Arten von UFOs, die ihr sehen könnt und von denen ihr wisst. Es ist leicht, den Unterschied zwischen den beiden zu beschreiben: Die eine *(Art)* kommt von meiner Seite des Schleiers und die andere von eurer. Die UFOs von eurer Seite des Schleiers sind leicht zu fotografieren und sie haben klare, feste Konturen. Sie erscheinen metallisch. Von dieser Art, die eurer Seite des Schleiers angehört, gibt es wiederum zwei Kategorien: 1. die Erleuchteten und 2. die Negativen. Fürchtet euch nicht vor den Negativen, denn ihr habt Macht über sie. Für sie wird es aufgrund der Verschiebung auf der Erde auch nicht mehr länger möglich sein, zu bleiben. Meine Arbeit wird sie vertreiben.

UFOs von der anderen Seite des Schleiers *(der Seite von Kryon)* sind nicht leicht zu fotografieren, denn sie haben weiche Konturen. Die meisten von ihnen leuchten. Gelegentlich machen sie Geräusche/Klänge. Sie scheinen sich sehr unregelmäßig als Lichter am Himmel zu bewegen. Das liegt wiederum daran, dass auch sie sich nicht, so wie ihr es tut, in einer linearen Zeitstruktur befinden. Sie befinden sich in der realen Zeitstruktur. Es ist gerade so, wie eure rückläufigen Planeten sich scheinbar rückwärts bewegen, es aber nicht wirklich tun, es ist die gleiche Illusion... und die scheinbare Bewegung ist nicht das, als was sie wahrgenommen wird. *(Rückläufige Planeten bewegen sich für euch scheinbar rückwärts, aufgrund der Relativität der Plattform, auf der ihr euch bewegt, im Vergleich zu ihrer eigenen Bewegung. Genau das Gleiche geschieht mit eurer Zeit. Die Unterschiede der Zeit kreieren viele Täuschungen für euch im Universum, so wie ihr es wahr-*

nehmt, aber diese UFO-Erfahrung ist der einzige Fall, bei dem ihr es innerhalb eures eigenen Magnetfeldes beobachten könnt.)

Von diesen UFO-Arten *(Arten von meiner Seite)* gibt es viele. Auch gibt es eine weitere Tatsache, die nicht klar für euch ist: Das, was ihr als UFO wahrnehmt, ist in Wirklichkeit oft kein UFO, sondern eine Wesenheit. Aufgrund eures Imprints und eures Implantates geht ihr davon aus, dass andere Wesen eure menschliche biologische Größe haben müssen, aber das ist nicht der Fall. Mein mir angenehmster Größenumfang entspricht in etwa dem eurer Wohnhäuser. Das ist die Gesamtheit des Energie-Paketes. Es ist vielfach das, was ihr »sehen« könnt. Ihr seht Wesenheiten, nicht UFOs..., anstatt Fahrzeuge *(seht ihr)* tatsächlich das Geist/Seelenwesen. Manchmal sind wir auch als Gruppe zusammen und kommen herunter und ihr seht uns als ein Ganzes... Sobald wir das tun, verändert sich die Farbe des Gesamten. *(Immer dann, wenn einer dazukommt oder einer die Gesamtheit verlässt, sieht es so aus, als wechsele das größere Ganze seine Farbe.)*

Seid achtsam: Es gibt auch Negative hier von der anderen Seite des Schleiers *(meiner Seite)*. Meine Ermahnung an euch *(und ich möchte zu dieser Zeit nicht mehr zu diesem Thema sagen)*: In der neuen Energie ist eure Kraft, Macht und Stärke nicht länger neutral. Sie ist stärker ins Positive ausgerichtet und daher habt ihr Kontrolle über die negativen Wesen... Ihr habt Kraft, Macht und Kontrolle über die negativen Wesen... Ihr habt Kraft, Macht und Kontrolle über die negativen Wesen. *(Wenn von Kryon etwas dreimal wiederholt wird, wisst ihr, es ist wichtig. Meine zutiefst Geliebten, fürchtet euch nicht vor dem, was ihr als überwältigende negative Kräfte wahrnehmen könntet. Ihr braucht euch dazu keine weiteren Gedanken zu machen, aber da diese Wesenheiten gelegentlich bei euch auftauchen, will ich euch Instruktionen geben. Ignoriert sie und wendet euch von ihnen ab. Ruft die All-Eine Liebes-Quelle an und sie werden euch in Ruhe lassen. Seid nicht neugierig, denn das würde ihnen erlauben, mit eurer Lektion in Verbindung zu treten, und es ist unangebracht, dass das geschieht.)*

Lasst euch von der Zunahme der UFO-Aktivitäten nicht erschrecken. Es gibt viele, die nun aus den verschiedensten Gegenden kommen. Es gibt ständige, kontinuierliche Reisen zwischen der mich unterstützenden Gruppe in der Umlaufbahn des Jupiter und der Erde. Viele kommen von überall her, um diese Zeit hier zu feiern... mit eurer Hilfe. *(Der größte Teil der Aktivitäten konzentriert sich auf den Dienst an jedem Einzelnen von euch, der bereit ist, die neuen Implantate und seine neuen Geistführer zu empfangen. Es ist vergleichbar mit einer Wachablösung in einem Palast, denn die, die euch in der vergangenen Energie dienten, gehen nun fort, um neue Wege zu bereiten, und ihre bisherige Stelle wird von denen eingenommen, die für die Aufgabe in dieser neuen Energie bereit sind. Seid euch bewusst, dass der Wechsel viel Aufregung mit sich bringt! Was hier geschieht, ist nicht »alltäglich«, und eure bevorstehenden Erfahrungen werden respektiert.)*

Ironischerweise nutzen beide UFO-Arten *(die von eurer Seite und die von meiner Seite des Schleiers)* das magnetische Gitter für ihre Flüge. Sogar die in die

Atmosphäre eintauchenden Wesenheiten neigen dazu, das Gitter für ihre Reise zu nutzen. Mit der Neuausrichtung des magnetischen Gitters werden sich die Landeplätze verändern. *(In einer privaten Kommunikation mit eurer Lehrerin Barbra wies ich auf die Tatsache hin, dass der Zug nur dort fahren kann, wo Gleise sind... Dies steht in Beziehung zu den UFO-Landeplatz-Aktivitäten. Allein von diesem Wissen ist viel Erkenntnis ableitbar. Wenn ihr die richtigen Fragen stellt und die naheliegenden Schlüsse zieht, werdet ihr viel darüber erfahren, wie der Magnetismus als Kraftquelle genutzt werden kann.)*

Die nächste Frage betrifft das Gitternetz und die Kraftorte. Möglicherweise ist es für euch interessant zu wissen, dass ein Teil eurer Kraft und Stärke auf dem Gitter gespeichert ist und schon immer gespeichert war, denn ihr wart nicht immer in der Lage, eure gesamte eigene Kraft, Macht und Stärke zu tragen. Sie ist das, was ihr an den Kraftorten, zu denen ihr reist, fühlt und wahrnehmt. *(Darüber gäbe es viel zu sagen, aber es ist nicht mehr als interessant und trägt in dieser Zeit nichts dazu bei, um mit der gegenwärtigen Aufgabe voranzukommen. Für diejenigen, die daran interessiert sind: Der »Teil Gottes«, den euer Seelenwesen hier auf der Erde repräsentiert, hat die gesamte universelle Energie behalten, die er während der Zeit auf der anderen Seite des Schleiers besaß. Ein großer Teil dieser Energie ist aber nicht in eurem Körper, sondern an verschiedenen kollektiven Plätzen gespeichert. Dies ist so, weil ihr sonst keine Möglichkeit zur Schulung hättet! Das Gitter ist das Medium, das viel davon speichert, aber es gibt darüber hinaus auch einige Speicherplätze tief im*

Inneren der Erde, wo ein Teil des »Motors« für das magnetische Gitter platziert ist. Das ist alles sehr komplex, doch ist es für euren Weg in dieser Zeit nicht notwendig, mehr darüber zu wissen.)

(Die Betrachtung der chronologischen Entwicklung der Energie-Verfügbarkeit für eure Seele ist faszinierend, auch für mich, denn mit ihr sind zugleich auch alle großen Meister eurer Vergangenheit verbunden und sie brachte mich in dieser Zeit hierher zu euch. Jesus kam, um euch zu sagen, dass ihr endlich die Möglichkeit habt, eure Energie in euch zu tragen, und ich komme nun, um das zu erleichtern!) Erst mit der Öffnung dieses Fensters *(der neuen Energie)* ist es euch letztendlich wirklich möglich, eure Kraft, Macht und Stärke anzunehmen und die Dinge zu tun, von denen ihr bisher nur geträumt habt. *(Dies steht im Zusammenhang mit euren Implantaten, die euch in der Schulung gehalten und daran gehindert haben, vollständige Erleuchtung zu erlangen.)* Mit diesem Geschehen werdet ihr von den Kraftplätzen Energie beziehen. Was bisher Kraftorte waren, werden dann neutrale Orte sein. Es sind Speicherplätze für euch. Das ist ein Teil des Gleichgewichts *(von dem ich bereits sprach)*, denn die Energie der Erde war und ist immer gleich..., sie fließt nur zwischen den Dingen hin und her..., *(in diesem Fall)* zwischen dem magnetischen Gitter und euren Seelen in Schulung. *(Aus diesem Grund wird es möglicherweise keine Kraftorte mehr für euch geben, an denen ihr leben und zu denen ihr reisen könnt, um euch besser zu fühlen.)* Um also die Frage zu beantworten, die heute Abend gestellt wurde: »Wo sollen wir hinziehen?« Wo immer es sich jetzt gut für euch anfühlt, kann das

später anders sein. Falls ihr einen Rat wünscht: Wenn es euch möglich ist, es so einzurichten, dann ist eure beste Arbeitsmöglichkeit dort, wo es kühl ist.

Zum Schluss eine Frage zum Thema 11 : 11. Was ist das? Es sollte offensichtlich sein. Es ist der Weg durch das Tor. Es präsentiert diese Zeitperiode von 11 Jahren. Es steht für die Kryon-Energie, denn ich kam nicht aus eigener Wahl hierher. Es gibt einen Plan und eine Weisung, die vorherbestimmten, dass ich komme. Mein Partner hat sich meinen Namen nicht ausgedacht. Mein Name Kryon passt in eurer Sprache, weil er der Schwingung der Elf entspricht *(für alle in der Numerologie Unerfahrenen: die Buchstaben in der Art miteinander addiert, wie in früheren Texten bereits beschrieben).* Des Weiteren enthält er auch die Klangqualität, welche bei der Kryon-Namensgebung von den anderen acht Kryon-Channels auf der Erde ausgesprochen sein wird. Betrachtet das aaaiiiennhh *(deutsche Aussprache: Kryon = Kraijon [kraiən], Anm. d. Übers.)* in den Namen, die nicht mit einem harten Konsonanten *(Verschlusslaut)* enden, sondern mit einem »nnnnnnn« oder einem »aammmm«. Das ist Kryon. Der Name wird für jede Sprache angepasst, sodass die Schwingung immer die 11 bleibt *(die einfache Buchstaben-Schreibweise).* Wer von euch das Material *(die von meinem Partner bis heute niedergeschriebenen Kryon-Botschaften)* gelesen hat, in die Zahlen »ging« und sie miteinander addierte, wird verstehen und realisieren: der Tag meiner Ankunft 1-1-1-9-8-9! ergibt die 11. Der Tag meines Gehens am 3-1-1-2-2-0-0-2 ist 11. *(Das sind die Ankunfts- und Abschiedsdaten, die ich meinem Partner für euer Studium der bisherigen Texte gege-*

ben habe. Wenn ihr den Beginn der neuen Energie vom 1. 1. 1992 bis zum 31. 12. 2002 berechnet, stellt ihr fest, dass ich genau 11 Jahre ***in der neuen Energie*** *bei euch sein werde.)* Das ist ein Teil des 11 : 11-Fensters. Es wurde vorhergesagt. Es ist der Machtwechsel. Das ist euer Geschenk, das ihr euch zu diesem Zeitpunkt verdient habt. Es gibt nur sehr wenig, was ihr nicht mit Hilfe eurer neuen Energie tun könnt, aber es muss bei euch selbst beginnen *(worauf ich schon mehrfach hinwies).*

In den weiteren Channelings möchte ich euch gerne über Heilung erzählen, denn hier im Raum sind Menschen, die gerade Heilung brauchen. Es gibt ein Adrenalin-Problem... es könnte sofort geheilt werden. Es gibt Beunruhigung... jemand ist in Sorge, wenn er an sein Auto denkt. Über diese Dinge *(ich meine die trivialen Dinge)* müsst ihr euch selber hinwegsetzen, denn die Liebesenergie steht weit über all diesem. Diese Dinge verdienen nicht eure Aufmerksamkeit.

Bevor ich mich verabschiede, möchte ich gerne, dass ihr mich sehen könnt. Ihr werdet zum Schluss einen Einblick bekommen, wie die Farben und Muster einer Wesenheit zusammengesetzt werden. Und noch einmal, wenn ihr meinen Anweisungen folgen wollt, möchte ich euch für einen kleinen Moment mit hinausnehmen - über die Erdatmosphäre hinaus. Diejenigen von euch, die in der Vergangenheit außerkörperliche Erfahrungen machen konnten - mein Partner bisher nicht -, werden wissen, dass dies möglich ist. Ich möchte gerne, dass jeder von euch sein Herz öffnet und seine Erlaubnis dazu gibt.

Stell dir in deinem Geiste vor, wie du über den Wolken schwebst. Du befindest dich über der Atmosphäre der Erde und es ist sehr dunkel. Deine Energie hat sich auf ihre gesamte Größe ausgedehnt. Und nun, wenn du unter dich schaust, stellst du fest, dass etwas anders ist, *(etwas, das)* ein Zeichen für die neue Energie *(ist)*. Diejenigen von euch, die schon einmal solch eine Erfahrung gemacht haben, werden feststellen, dass etwas fehlt: Die Silberschnur ist weg! Das ist eure Erlaubnis, zu gehen, wenn ihr es so entscheidet. (Aber keiner von euch wird so entscheiden.) Du bist frei und während du auf mich zukommst, bleibe ich ganz still. Fühle die Energie der Liebe um mich herum..., denn ich liebe dich so sehr! Sie stammt von dem einen Ursprung. Es ist die universelle Liebe. Ihre Schwingung ist so hoch, dass sie nicht gesehen werden kann *(deshalb repräsentiert sie eine unbeschreibliche Kraft und Energie aus einer Quelle, die schwarz erscheint)*.

Wenn du mich anschaust, kannst du sehen, dass ich elf Seiten habe und dass jede Seite ein eigenes Muster bildet. *(Beachte bitte, dass die Muster nicht symmetrisch sind und dass keines wie das andere ist.)* Sie sind wie ein farbiges Glasfenster segmentiert. Jede Seite hat eine eigene Farbe. Während du auf mich zukommst und mich umkreist, beginne ich mich zu drehen. Während ich mich drehend zu der Kryon-Energie hochschwinge, siehst du die Entstehung meiner Farbe, die Farbe der Kryon-Energie. Sie ist die perfekte Kulmination der sich schwingenden, drehenden elf Seiten, die gemeinsam in der Schwingung miteinander verschmelzen. Was du wahrnehmen kannst, ist nur ein Bruchteil der tatsächlichen Schwingung, denn der größte Teil meiner Wirklichkeit liegt außerhalb deines Wahrnehmungsvermögens *(des menschlichen Sehens).* Was für dich von der Gesamtheit sichtbar bleibt, ist ein wunderschöner, irisierender Kupfer-Farbton. Das ist *(für dich)* die Farbe von Kryon. Die im Laufe der zukünftigen Jahre während dieser *(neuen Energie-)* Zeit zu euch kommenden anderen Wesenheiten werden von dunklen Blau- und Grüntönen und vielen anderen wundervollen dunklen Farben sein. Diese *(wahrgenommenen Farben)* sind einfach das, was übrig bleibt von dem, was für euch ***unsichtbar ist.*** Aus diesem Grund sind die Farben dunkler, als ihr es erwartet. *(Ihr habt uns bis zu diesem Zeitpunkt immer mit niedrigeren Schwingungsraten gesehen, was zum Teil mit der Art der Wesenheiten zusammenhängt, die euch in den letzten 2000 Jahren zu Diensten waren. Diese niedrigeren Schwingungsraten erscheinen für euch paradoxerweise weitaus farbiger und intensiver, weil sie mehr im Bereich eures Wahrnehmungsvermögens liegen.)* Während ich mich bis zur vollen Geschwindigkeit hochdrehe, kannst du die Herrlichkeit dieser Wesenheit sehen und realisieren, dass du genauso aussiehst, jeder von euch, mit unterschiedlichen Farben, etwas unterschiedlichen Größen und vielen verschiedenen Mustern.

Wenn wir uns alle zusammen drehen, kannst du meine Liebe für dich fühlen. *(Ich möchte dich in Zukunft gerne jedes Mal, wenn wir zusammen sind, in diesen Zustand bringen. Viele Informationen können auf diese Weise kommuniziert werden und die Quelle der*

Liebe kann real für dich wirksam werden. Du kannst dir nicht vorstellen, was für dich persönlich erreichbar wird, wenn du diesen Zustand mit mir erlangen kannst.)

Nun, während du wieder zurückkommst, möchte ich dich ermutigen, die kleinen Dinge wegzulegen, denn es gibt viel Arbeit zu tun. *(Die kleinen Dinge, von denen ich spreche, sind die Dinge des täglichen Lebens, über die ihr euch jetzt noch Gedanken macht, wie die Richtung für euch selbst und euer Zurechtkommen in eurem Leben. Mit »weglegen« meine ich, dass ihr vollkommen darauf vertrauen solltet, dass diese Dinge euch zur rechten Zeit, zum richtigen Zeitpunkt gezeigt werden, und dass ihr es nicht zulasst, dass sie nun die Energie eurer Hauptaufmerksamkeit einnehmen. Denn ihr habt so sehr viel mehr für den Planeten zu tun und das ist die wichtige Aufgabe. Ihr habt Verträge, es zu tun! Euer Höheres Selbst weiß das und eure Intuition wird sich so erhöhen, dass euer bewusster Verstand es ebenso weiß, sodass ihr getröstet und in Frieden mit diesem Wissen sein könnt.)*

Ich bin Kryon und ihr seid zutiefst geliebt.

Hiermit habe ich meine Verpflichtung zu der Live-Channeling-Sitzung erfüllt.

Lee Carroll

Kapitel 4

Kryon antwortet

Lee Carroll: »Kryon antwortet auf spezielle Fragen«

Fast genau 90 Tage nach der ersten öffentlichen Channeling-Sitzung reagierte die Gruppe der 14 Metaphysiker mit einer Sammlung von acht Fragen auf die Veranstaltung. In der Veröffentlichung des nachfolgenden Textes beziehe ich alle acht Fragen und Antworten mit ein, obwohl eine der Fragen sich sehr speziell und aktuell auf die damals bevorstehende Wahl in Amerika bezieht. Vielleicht ist die Antwort auf diese Frage während des Lesens des Buches doch interessant, auch wenn der betreffende Zeitpunkt schon verstrichen ist. Folgende Fragen wurden von der Gruppe formuliert:

1. Ist dir die Landkarte der Hopis bekannt und wenn ja, wie siehst du sie?
2. Ist es für die Herstellung des Gleichgewichts auf der Erde erforderlich, dass eine große Zahl von Menschen ihr derzeitiges Leben auf der Erde beenden müssen?
3. Werden die Indigo-Kinder rechtzeitig da sein, um wenigstens den größten Teil dessen zu vollbringen, wozu sie gekommen sind?

4. Wie viel Zeit wird die Anpassung der meridianen Längengrade in Anspruch nehmen?
5. Was ist die Hauptsache, auf die ich mich persönlich in meinem alltäglichen Leben konzentrieren sollte?
6. Was kann ich über meine persönliche Selbstentwicklung hinaus tun, um in der Welt etwas für die Menschheit zu bewirken?
7. Kannst du uns eine körperliche Übung mitteilen, mit deren Hilfe es für uns leichter ist, uns zu zentrieren, um die Informationen klarer zu empfangen?
8. Wer wäre der beste Präsident, dessen Grundlage die Liebe ist und der im Sinne von Ganzheitlichkeit anstelle von Separatismus wirkt?

Können Sie, wenn Sie sich diese Fragen vergegenwärtigen, deren Sprache verstehen? Falls nicht, dann werden Ihnen vielleicht die Antworten helfen, um den Zusammenhang zu begreifen. Diese Fragen sind offenbar sehr wohl überlegt und für erleuchtete Menschen von lebendigem Interesse. So mögen Ihnen die Antworten dienen, um mehr über die Themen der Fragestellungen herauszufinden. Wenn diese Menschen um Antworten auf die obigen Fragen bitten, dann sind sie vielleicht doch allgemein und auch für Sie interessant?

Bitte beachten Sie, dass die Fragen im wörtlichen Sinn beantwortet werden und die Antworten speziell an einzelne Menschen in Südkalifornien gerichtet sind. Daher haben sie möglicherweise nicht die gleiche Allgemeingültigkeit wie die anderen Texte in diesem Buch. Wie in den vorangegangenen Kapiteln schreibe ich dieses Vorwort wieder vor dem Channeling und ich kenne die Antworten zum jetzigen Zeitpunkt auch noch nicht. Finden Sie sie gemeinsam mit mir heraus, indem Sie nun weiterlesen...

Neue Antworten für eine neue Zeit

In vollkommener Liebe begrüße ich euch heute wieder! Mir sind alle Fragen bewusst und ich bin sehr darüber erfreut, denn die von euch gestellten Fragen zeigen zugleich, wie viel ihr tatsächlich über euer Zeitalter in dieser neuen Energie verstanden habt.

Es ist von entscheidender Bedeutung, dass diese Übertragung klar ist! Ich werde meinen Partner bitten, seinen Kopf von allem freizumachen, was nicht zu dem gehört, was nun Thema ist. Die ersten beiden Fragen werden zusammengefasst und in einem beantwortet.

Sie lauten folgendermaßen:

Frage: Ist dir die Landkarte der Hopis bekannt und wenn ja, wie siehst du sie?

Frage: Ist es für die Herstellung des Gleichgewichts auf der Erde erforderlich, dass eine große Zahl von Menschen ihr derzeitiges Leben auf der Erde beenden müssen?

Antwort: Diese Fragen sind miteinander verbunden (wie ihr gleich sehen werdet) und es sind Fragen, die aus der Angst heraus gestellt werden. Ich nenne das nur als eine Tatsache, es ist keine Kritik. Ihr Lieben, ich werde darauf antworten, weil ihr es verdient. Aber ich werde auch das Gesamtbild dazu aufbauen, damit ihr selber besser verstehen könnt, warum ihr mehr über diese Dinge wissen wollt (es könnte möglicherweise interessant für euch sein) und warum die Antwort so ist, wie sie ist.

Nahezu ohne Ausnahme haben alle Mitglieder der ersten öffentlichen Channeling-Sitzung etwas gemeinsam: Ihr alle habt eine unterschwellige biologische Angst, durch eine Naturkatastrophe zerschmettert oder ertränkt zu werden.

Die Angst vor der Vernichtung ist während der Schulungszeit völlig natürlich, aber bei euch 14 handelt es sich um mehr als um dieses natürliche Angstgefühl. Erinnert euch daran, dass ich weiß, wer ihr seid, und eure vergangenen Lebenszeiten kenne. Ihr alle wart während der alten Zeit in Atlantis und jeder von euch trägt in gewissem Sinne das Gefühl in sich, damals von der Erde verraten worden zu sein. Einigen von euch erscheint das als unwahrscheinlich, aber bitte lest weiter.

Auch wenn euer Leben in dieser Zeit entsprechend eurem Vertrag beendet wurde *(entsprechend einer vorherigen Vereinbarung innerhalb eines Planes, der durch euch selbst und das Universum in Gang gesetzt wurde)*, tragt ihr seitdem die ganze Zeit den »Keim« der Gefühle jenes Lebensendes in euch. Gefühls-Keime sind die Gefühle, die ihr als einen Teil eurer Imprints viele Leben hindurch mit euch tragt. Es ist jetzt nicht der richtige Zeitpunkt, die vergangene Arbeit eurer karmischen Gruppe zu enthüllen oder die Gründe für den Untergang von Atlantis. Aber erinnert ihr euch an meine Aussage in einer früheren Mitteilung, dass ich schon früher hier war?... und dass während der vergangenen zwei Male Menschenleben beendet wurden, damit ich meine Anpassungen vornehmen konnte? Nun, jetzt bin ich wieder hier und nehme neue Anpassungen vor! Ist es da verwunderlich, dass ihr Angst empfindet? Immerhin verursachte ich beim letzten Mal, als ihr meine Wesenheit fühlen konntet, die Beendigung eures damaligen Lebens! Wie bereits erwähnt, kennt mich jeder von euch. Der Teil Gottes in euch erkennt und ehrt den Teil Gottes in mir. Obwohl ihr alle das vollständige Wissen über unsere Verbindung habt, ist es euch *(weil ihr in Schulung seid)* derzeit nur erlaubt, wie durch ein trübes Glas auf mich zu blicken und euch nur an die allerintensivsten Gefühls-Keime aus unserer letzten Begegnung zu erinnern. Ich liebe euch von Herzen. Bitte fürchtet euch nicht vor mir; ich bin nicht für eine weitere planetare Beendigung von Menschenleben gekommen.

Diese beiden von euch gestellten Fragen haben mit einer Massenvernichtung von Menschen zu tun, denn die Prophezeiung in der Karte der Hopis enthält die stille, unausgesprochene Botschaft von Massenzerstörungen innerhalb der neuen, engeren Ränder der Landmassen. Wird die Erde euch abermals verraten (könntet ihr fragen)?

Meine Antwort auf diese Frage ist absolut logisch, denn so ist das Universum. Vorbereitend möchte ich euch einige Tatsachen nennen. Sie kommen sowohl aus den bisherigen Durchsagen als auch aus neuen Gedanken. Alle diese Fakten werden euch, richtig verstanden, zu der korrekten, aufschlussreichen Antwort führen.

Ich bin Kryon, der Meister des Magnetismus. Durch meine Arbeit erhalte ich während eurer Lebenszeit auf der Erde einen enormen Einblick in die menschliche/biologische Psyche, da meine magnetischen Anpassungen mit der Wirkungsweise eures Bewusstseins auf der Erde verwoben sind. Ich habe auch Kenntnisse von euren vergangenen und zukünftigen Fenstern von Möglichkeiten. Diese Fenster sind wie Türen, durch die ihr gehen dürft und könnt, aber nicht gehen müsst, sie sind keine Fenster der Vorherbestimmung. Eure Fragen bezüglich der Erde in Verbindung mit der Vernichtung der Menschheit sind voll verborgener Wahrheit. Es ist an der Zeit, dass ihr die Bedeutung eurer Erd-Verbindung realisiert. Dieser Schritt wird euch helfen, die Antworten auf eure Fragen selbst zu finden.

Die Partnerschaft mit der Erde

Tief verwurzelt in eurer westlichen Kultur ist der Glaube, die Erde sei getrennt von dem biologischen und spirituellen Menschen. Wenn jemand als unspirituell betrachtet wird, sagt ihr in eurer Kultur, dieser Mensch sei »erdverhaftet« oder »weltlich«. Diese Aussage zeigt eine negative Beziehung auf, die nicht nur deutlich macht, wie wenig die Menschen eurer Kultur wirklich verstehen - sie gibt auch eine negative Formulierung für etwas sehr, sehr Heiliges.

Lasst mich euch folgende Fragen stellen und beantwortet sie euch im Stillen: Basierend auf der Grundlage meiner bisherigen Lehren:

1. Welche Arbeit vollbrachte die Kryon-Wesenheit, wenn sie wieder und wieder zu eurem Planeten kam?
2. Welchem Teil der Erde wandte sich Kryon bei seiner Arbeit speziell zu?
3. Was war das Endergebnis der Arbeit?

Die Antworten lauten:

1. Die Arbeit bestand darin, die magnetische Ausrichtung der Erde zu verändern.
2. Die magnetischen Gitterlinien der Erde waren die Teile, die spezielle Zuwendung erhielten.
3. Das Endergebnis war: Erleuchtung für die **Menschen** zu schaffen.

An dieser Stelle fragt ihr euch möglicherweise: Wenn das Endresultat den Menschen dienen sollte, warum wandte sich Kryon dann der physischen Erde zu? Warum wandte er sich nicht direkt an die Menschen?

Die Antwort darauf ist, meine Lieben, dass ich es tat – indem ich mich der Erde zuwandte! Die meisten Mitglieder eurer Gruppe verstehen nun; sie wissen genau, was ich meine und wovon ich spreche, aber für die anderen, die Leser, werde ich in einer weiteren Behandlung eurer Fragen noch ausführlicher darauf eingehen.

Die Erde und die Menschen in Schulung bilden eine untrennbare Partnerschaft. Es ist unmöglich für euch, ausbalanciert zu sein, ohne eure tief verwurzelte Partnerschaft mit diesem Planeten - durch eure Verbindung mit dem Herzen der Erde - zu verstehen. Es ist eine spirituelle Verbindung und sie existiert seit dem Anbeginn der Zeiten, als alles für euch eingerichtet wurde. Eure spezifische Kultur entschied sich für eine Trennung von der Erde und merkte nicht, dass diese Entscheidung die Menschen gleichzeitig von unbeschreiblicher Kraft, Macht, Erleuchtung und Ausgeglichenheit trennte.

Behandelt die Erde als lebendigen, immerwährenden Partner, feiert ihre Existenz und ehrt ihre Gesundheit

Behandelt die Erde als lebendigen, immerwährenden Partner, feiert ihre Existenz und ehrt ihre Gesundheit. Die Erde gibt euch nicht nur Nahrung und Schutz, sie gibt euch auch den Keim eures Bewusstseins, ermöglicht eure Erleuchtung (durch die Ausrichtung des Gitternetzes), ermöglicht Schutz vor Krankheit, harmonisiert sich und heilt sich regelmäßig selbst ohne eure Hilfe und sie ist gegenwärtig Mutter und Vater eurer Grundbiologie. Darüber hinaus steht sie euch mit unerschöpflichen Ressourcen, von euch noch unerkannter, unerschöpflicher Kraft und Energie zur Verfügung. Dazu kommt das Heer der Wesenheiten innerhalb der Erde, die mit universeller Zuverlässigkeit dabei helfen, das Leben auf dem Planeten auszubalancieren.

Warum erzähle ich euch das? Damit ihr den Kulturen Wertschätzung entgegenbringen könnt, die in der Tat die Erde ehren..., denn sie sind diejenigen Kulturen, die absolut führend für das Bewusstsein der Erleuchtung sind. Und es sind die Kulturen, mit denen Wesenheiten wie Kryon seit vielen, vielen Jahren direkt arbeiten.

Wer sind sie? Sie repräsentieren Kulturen rund um den Globus, insbesondere in Südamerika, Indien, Asien, Australien, und die noch verbliebene Kultur der amerikanischen Indianer. Vielen von euch wird hiermit sogleich klar, dass die Genannten oft der Schwerpunkt großer UFO-Aktivität sind, und wie ich bei der ersten öffentlichen Channeling-Sitzung meines Partners sagte (*siehe Kapitel* 3), stammen viele UFOs von meiner Seite des Schleiers. Ich sage euch daher eine Wahrheit: Es gibt von meiner Seite aus sehr viel spirituellen Austausch mit diesen Gruppen, mehr als mit denen eurer Kultur.

Vor diesem Hintergrund habe ich euch zu der Landkarte der Hopis Folgendes zu sagen: Sie wurde aus der höchsten Quelle gechannelt und ist potenziell absolut korrekt. Ihr solltet aber auch über das Folgende unterrichtet sein: Die Information der Hopi-Karte ist keine neue Information. Sie steht schon seit gut 400 Jahren zur Verfügung. Die berühmteste Niederschrift dazu erfolgte im 16. Jahrhundert von einem Europäer. Seine Prophezeiungen und die Karte der Hopis stimmen weitgehend überein, außer dass nach seinen Schriften eure Häuser im Laufe der nächsten Jahre überflutet werden, während nach der Hopi-Landkarte eure Häuser in einer der wenigen verschonten Gegenden stehen! Was ist nun die Wahrheit? Das frühe Wissen der Hopis nannte außerdem eine vollkommen andere Ursache für die neuen Umrisse des Landes und in dem Maße, wie sich eure historische Geschichte im Laufe der Zeit wandelte, wurden neue, aktualisierte Gründe und Ursachen für die gleichen Prophezeiungen gegeben. Warum veränderte sich das?

Ich nenne euch diese beiden unterschiedlichen Interpretationen, um euch noch einmal zu sagen: **Kein einziges Wesen im Universum kann den tatsächlichen Ausgang eurer bevorstehenden Prüfung voraussagen!** Da es mir völlig klar war, dass ihr nach diesen Themen fragen würdet, gab ich euch während der vergangenen Channeling-Sitzung meines Partners ausführliche Erklärungen bezüglich deutlich und lebhaft empfangener Bilder von meiner Seite des Schleiers zu *möglichen* zukünftigen Szenarien. Bitte lest die Mitteilung nun noch einmal, denn sie wird euch jetzt deutlicher und klarer werden als zum Zeitpunkt der ursprünglichen Durchsage. Die Hopi-Prophezeiung wurde richtig wiedergegeben, denn sie stellte das wahrscheinliche Schicksal des Planeten **auf der Grundlage des Bewusstseins und der Erleuchtung zum Zeitpunkt der Vermittlung** dar. Was meint ihr, warum vor gut 400 Jahren vorausgesagt wurde, dass eure Stadt versinken würde, während die Hopi-Prophezeiung sie als sicher sieht? Was hat sich verändert? Die Antwort darauf ist, dass ihr eure Stadt verändert habt! Es könnte kein klareres Beispiel für genau das geben, was ich euch verdeutlichen möchte. Es ist eure Arbeit auf dem Planeten, die diese Vorhersagen verändern kann. Durch euch ist der Liebesquelle die Veränderung möglich. Versteht ihr aufgrund dessen, dass die Zukunft nicht festgelegt ist? Es gibt noch weitere logische Informationen bezüglich eurer Gegend und ich werde sie euch gerne am Ende dieses Abschnitts, bevor wir uns den weiteren Fragen widmen, mitteilen.

Weiteres zur Hopi-Landkarte: Die fünf dort genannten Kraftplätze stimmen exakt mit meiner Planung zur Neuausrichtung des Magnetgitternetzes eures Kontinentes überein. Folgendes ist dazu wichtig: Diese neuen Kraftplätze stimmen auch dann, wenn sich der Umriss des neuen Landes auf eurem Kontinent nicht entsprechend verändert. Die genannten Kraftgegenden sind so etwas wie Anschlussstellen, an denen der Motor innerhalb der Erde mit dem System des Gitternetzes verbunden werden kann. All diese Zusammenhänge sind sehr komplex und sie beinhalten keine Informationen, die für euer derzeitiges Wachstum von Bedeutung sind. Obwohl die geographische Lage dieser Orte sehr genau ist, rate ich euch doch nicht, dort hinzuziehen, um dort zu leben. Wenn es so wäre, hätte ich euch gleich zu Beginn diesen Hinweis gegeben. Erinnere dich, du bist ein Teil Gottes. Es besteht keine Notwendigkeit, von irgendwoher mehr Kraft zu beziehen als die, die dir in dir selbst zur Verfügung steht. Wer das nicht versteht, mag es möglicherweise attraktiv finden, in diesen Gebieten zu leben.

Als Letztes möchte ich euch zu dem Thema der Partnerschaft mit der Erde sagen: Ungeachtet eurer neuen Implantate, ungeachtet, wie friedvoll ihr geworden seid, und ungeachtet des Grades eurer Erleuchtung werdet ihr ganz sicher auf den Stress der Erde reagieren. Genau das ist der Grund, warum ihr daran arbeiten müsst, die Schwingungsebene des physischen Planeten zu erhöhen. Der Planet ist euer Partner und er lebt mit euch. Viele von euch reagieren auf geologische Aktivitäten, seien sie vulkanisch, seismisch, äquatisch, magnetisch oder geothermisch. Wenn ihr den Stress der Erde fühlt, dann seid ihr in der Tat auf eure Partnerschaft eingestimmt. Das ist völlig normal und wird sich für euch nicht ändern. Der Weg, etwas daran zu ändern, geht über die Veränderung des Planeten. Und nun könnt ihr auch nachvollziehen, warum ich ***euch*** ändern kann, indem ich den Magnetismus der ***physischen Erde*** verändere. Das ist Wissenschaft in ihrer reinsten Form: die Verbindung des Physischen mit dem Geistigen.

Zu der zweiten Frage, der Frage nach der Massenvernichtung von Menschenleben: Wird es für die Erlangung des Gleichgewichts erforderlich sein, dass eine große Zahl von Menschen die Erde verlässt? Die Antwort lautet ja. Die Anzahl entspricht jedoch nur etwa einem Prozent der Erdbevölkerung. Das ist kein globales Ende (wie ich es euch bereits versprach). – Wen wird es treffen?

Es ist folgendermaßen: Menschen ohne jegliche Hoffnung und Aussicht auf irgendeine größere Erleuchtung als die, die sie schon haben, werden sich verabschieden. Auch das ist ein sehr komplexes Thema und es hängt zusammen mit den karmischen Gruppen und dem Sternenkarma. Es hat schon längst begonnen. Ich sprach bereits davon, als ich euch

Informationen über Regierungen gab, die Entscheidungen für die Masse treffen. Der Golfkrieg war ein deutliches Beispiel dafür, wie zehntausende in ein paar Tagen den Planeten zusammen verlassen konnten. Während anderer Kriege, manche davon Rasse gegen Rasse, geschieht das Gleiche. Ein anderes Beispiel ist der Hunger. Aufgrund des Nicht-Reagierens anderer Menschen wird eine ganze karmische Gruppe tatsächlich verhungern und den Planeten gemeinsam verlassen. Viele werden auch durch die neue Krankheit *(AIDS)* weggehen, besonders in Afrika. Ein anderer Weg ist durch ungewöhnliche Naturereignisse: Mit ungewöhnlich meine ich Ereignisse, die nicht vorhersagbar sind oder erwartet werden.

Bezüglich der Gegend, in der ihr lebt: Verbindet die Bedrohung durch Erdbeben bei euch nicht unmittelbar mit der Endzeit. Was sich euch zeigt, ist ganz simple Geologie und eine diesbezüglich lokal sehr begrenzte Situation. Natürlich ist jedes größere, natürliche Beben universell in Übereinstimmung und somit auch die damit einhergehende Beendigung des irdischen Lebensausdrucks. Diese Geschehnisse mögen für euch Katastrophen darstellen, wie es auch den Asiaten in ihrem Fall erschien und den Südamerikanern in ihrem, aber es ist kein globales Ereignis. Ihr wisst in eurem Land schon über 100 Jahre lang von den Erdbewegungen in dem Gebiet. Seit 30 Jahren wisst ihr genau, wodurch sie verursacht und wo sie auftreten werden. Ihr habt euch dennoch dazu entschieden, weiterhin in dieser Gegend zu leben, auch mit dem Wissen, dass die Erde sich nach einem vorgegebenen Plan eventuell bewegen wird, und ihr habt euch trotz der eventuellen Schwierigkeiten dazu entschieden, da zu bleiben. Ich habe euch von eurer Partnerschaft mit der Erde erzählt. Könnt ihr euch vorstellen, welche Auswirkung es auf euch hat, in einer Gegend zu leben, in der der Boden immer gestresst ist? Wenn die Pflanzen und Tiere sprechen könnten (was sie können), dann würdet ihr realisieren, dass euer Gleichgewicht durch den Stress gestört ist.

Während der Channeling-Sitzung habe ich euch empfohlen, dahin zu ziehen, wo es kühl ist. Das war ein wörtlich gemeinter Rat, denn Kryon hat keine anderen Motive, als euch mit Informationen zu versorgen, die unmittelbar den Frieden in eurem Leben erlauben. Wenn ihr euch über eure Wohngegend und die vielen Vorhersagen über bevorstehende geologische Aktivitäten sorgt..., dann solltet ihr nicht da bleiben. Zieht weiter nach Norden, dorthin, wo es kühler ist, oder nach Osten, wo es kühler ist. Das sind die besten Gegenden für euch. Grundsätzlich ist es vollkommen logisch und ganz allgemein praktisch, nie zuzulassen, dass ihr in einer Situation bleibt, die euch beunruhigt. Ist das nicht einfachstes Wissen für euch? Sicher braucht es nicht meine Weisheit, um euch das zu raten.

Bevor ich mit den anderen Fragen fortfahre, möchte ich euch noch einmal den Rat geben: Solltet ihr euch in Anbetracht der Vorhersagen aus alter Zeit nicht wohl fühlen, dann ist es angebracht, eure derzeitige Wohngegend zu verlassen. Andere werden mit Hilfe ihrer gemeinsamen Unterscheidungskraft die Möglichkeit finden, in Frieden mit den nicht angemessenen Vorhersagen zu leben. Ihr werdet viele Untergangsprophezeiungen erleben und feststellen, dass, wenn die »Zeit des Schreckens« verstrichen ist, gar nichts geschehen ist. Einige von euch werden durch diese Erfahrungen hindurchgehen, bevor sie das völlig glauben können, was ich hier sage. Ich bin hierher gekommen, um euch Liebe, Kraft und Macht, Energie und Erleuchtung zu geben - weil ihr sie verdient habt. Stresst euch während eurer Schulungszeit nicht selbst mit »Was-wäre-wenn...«. Eure ganze menschliche Biologie ist in dieser Zeit dafür gerüstet, in Übereinstimmung mit meiner Arbeit voranzuschreiten. Verbringt eure Zeit nicht damit, Gedankenenergie rund um Dinge zu erzeugen, die vielleicht nie eintreten werden. Das ist euch nicht dienlich! Lest bitte meine Antworten auf die nächsten Fragen, denn das mag hilfreich und friedenspendend hinsichtlich eurer Sorgen sein.

Frage: Werden die Indigo-Kinder rechtzeitig da sein, um wenigstens den größten Teil dessen zu vollbringen, wozu sie gekommen sind?

Antwort: Ihr erinnert euch vielleicht an meine Informationen bezüglich der Aura-Farben im neuen Zeitalter, und dabei speziell an die dunklen Blautöne, die in dieser Zeit hereinkommen. Das ist zweifelsohne das, was ihr als die »Indigo-Kinder« bezeichnet, denn zum heutigen Zeitpunkt ist jeder dementsprechend konditionierte Mensch noch ein Kind.

Eure Frage könnte mich zu der Annahme führen, dass ihr diese Gruppe als eine Gruppe anseht, die mit besonderen Aufgaben betraut ist. Das ist nicht der Fall. Lasst es mich erklären: Diese Persönlichkeiten sind einfach mit neuen Ausdrucksformen ausgestattet, die ihr noch nicht hattet, nämlich 1. eine höhere Schwingung, 2. ein Imprint, das bestimmte astrologische Eigenschaften aufhebt, welche sich normalerweise auf alle Menschen auswirken, und 3. eine spezifische biologische Ausrüstung, mit deren Hilfe sie leichter mit den von den Menschen verursachten Verunreinigungen des Planeten umgehen können, die heute ein Teil des menschlichen Lebens sind.

Diese Persönlichkeiten kommen in einer neuen Ausdrucksform zur Erde und sie haben geerbt, was ihr geholfen habt zu erschaffen (ein verändertes Imprint). Diejenigen, die den Planeten in dieser Zeit verlassen (und es werden viele sein, wie schon bei den letzten Fragen angedeutet), werden sofort in diesem neuen Zustand zurückkehren können (sofern angemessen), um ebenfalls dem Planeten in dem neuen, kraft- und machtvollen Zeitalter zu helfen. Es ist nicht vorhergesagt, dass diese Persönlichkeiten notwendigerweise erleuchteter sein werden als andere oder dass sie sich als Gruppe zusammenfinden, um bestimmte planetare Aufgaben gemeinsam zu vollbringen.

Mit zunehmender Reife wird es jedoch einigen von ihnen möglich sein, die normalerweise für Menschen schwierigen Übergänge zur vollen Erleuchtung »abzukürzen«, und so werden diese Indigo-Kinder schon in sehr jungen Jahren in der

Lage sein, die Schwingung des Planeten mit euch zusammen zu erhöhen.

1. Der Grund dafür, dass so viele den Planeten in dieser Zeit verlassen, liegt darin, dass sie die Erlaubnis erhalten, als Indigo-Kind zurückzukommen! Seht ihr, wie kraftvoll diese Veränderung für den Übergang des Planeten sein wird?
2. Wenn sie nun gerade erst beginnen, mit der neuen Ausstattung auf die Erde zu kommen, dann wisst ihr damit zugleich ein Geheimnis für eure Zukunft! Ihr wisst, wie lange es dauert, bis ein Mensch herangereift ist. Wenn ihr es errechnet, sieht es dann nicht so aus, als ob es euch möglich wäre, noch 20 Jahre oder länger weiterzuarbeiten? Die Antwort ist ja. Die Enthüllung dieses Geheimnisses gibt euch einen Zeitrahmen, der anders sein mag, als ihr ihn erwartetet. Das ist unsere Vorhersage, **basierend auf der Grundlage des Bewusstseins und der Erleuchtung zum Zeitpunkt dieses Channelings.** Ja, es ist noch Zeit. Wollt ihr wissen, wie viel Zeit? Dann lest die Antwort auf die nächste Frage.

Frage: Wie viel Zeit wird die Anpassung der meridianen Längengrade in Anspruch nehmen?

Antwort: Genauso viel wie die der Breitengrade! *(Kosmischer Humor.)* Die Frage hinter deiner Frage ist, glaube ich, wie lange die Gitternetz-Anpassungen dauern werden. Ich verabschiede mich am 31. 12. 2002. Alle Anpassungen werden bis zu diesem Zeitpunkt durchgeführt sein. Diese Antwort, genauso wie die Beantwortung der letzten Frage, sollte euch ein beruhigendes Gefühl hinsichtlich der Zeitdauer geben, die euch bleibt, um eure Aufgabe zu vollenden. Es werden euch nach meinem Weggang noch mindestens 10 bis 15 Jahre bleiben, um innerhalb meiner Anpassungen zu arbeiten. Das habt ihr euch verdient.

Lest Folgendes!

Mein Partner wünscht sich von mir, dass ich diese Informationen noch einmal ganz deutlich wiederhole, denn offensichtlich verstehen viele von euch noch nicht die Signifikanz all dessen:

1. Euer Jahrtausend geht seinem Ende zu.
2. Mit diesem Ende, so wurde vielfach prophezeit, würde auch das Ende allen Lebens auf der Erde einhergehen, denn die Beendigung war angesagt und der Schulungsort Erde sollte für eine andere Art von Schule in einen neutralen Ort verwandelt werden. Die Vorbereitungszeit für die neue Schule hätte weitere 1000 Jahre betragen und ich wäre noch einmal gekommen, um neue Anpassungen vorzunehmen.
3. **Das hat sich jetzt verändert!** Das Leben auf der Erde wird nicht beendet. Ihr werdet nicht unabdingbar durch schreckliche Kriege und planetare Umwälzungen gehen müssen, die ihren Höhepunkt darin gefunden hätten, dass ihr bis zum

Jahr 2001 alle die Erde verlassen hättet. Ihr habt euch das Recht verdient, zu bleiben und euer Schicksal selber zu steuern, ***bis gut in das erste Jahrhundert des neuen Jahrtausends hinein.*** Ihr selber habt diese Veränderung bewirkt - durch die Anhebung der Schwingung des Planeten mittels eures Gedankenbewusstseins in den vergangenen 60 Jahren (sozusagen in der 11. Stunde).

4. Wie bereits erwähnt, werden viele ihr Leben beenden und mit neuer Kraft und Stärke zurückkehren. Auch wird der Übergang in dieses neue Zeitalter der Selbstbestimmung, der Kraft und der Macht voller Veränderungen sein. Für keinen von euch werden die Dinge gleich bleiben, aber ich habe euch neue Informationen gegeben, durch die die Veränderungen sehr viel leichter werden können!

Ihr seid jetzt genau informiert, was geschieht, und ich sage euch, dass ihr über sehr viel mehr Kraft verfügt »mitzugehen«, als ihr jemals zuvor hattet. Seid in Frieden mit all diesen Dingen! Glaubt mir, wenn ihr während dieser Zeit keinen Frieden habt, dann ist es euch nicht möglich zu bleiben. All die Jahre, die ihr bisher der Arbeit mit dem Universum gewidmet habt, sollten euch weiser gemacht haben, sodass ihr euch nicht selbst im Wege steht und die angemessenen Veränderungen des Universums akzeptieren könnt! Ihr Lieben, dies ist eure Zeit, nehmt sie an!

Frage: Was ist die Hauptsache, auf die ich mich persönlich in meinem alltäglichen Leben konzentrieren sollte?

Antwort: Diese und die nächsten beiden Fragen beziehen sich auf das, was zu tun ist. Und genau das ist der Grund, warum ihr so sehr respektiert werdet. Ihr fragt nicht allein nach der Gefahr für euch; ihr wollt wirklich die Arbeit vollbringen! Ich habe nichts Geringeres erwartet. Betrachtet diese Frage und die nächsten beiden Fragen als eine Gruppe, die ihr euch miteinander zunutze machen könnt. Die erste Frage betrifft eure alltägliche spirituelle Gesundheit. Die zweite Frage betrifft eure Arbeit für die Menschheit und die dritte betrifft die Art und Weise, wie beides vollbracht werden kann.

Ich werde die erste Frage ganz buchstäblich beantworten. Bevor ihr erwarten könnt, zu den höheren Dingen aufzusteigen, müsst ihr euch mit dem auseinandersetzen, was in eurem Alltagsleben schief läuft und nicht stimmt. Das Wichtigste, worauf ihr euch in eurem alltäglichen Leben konzentrieren solltet, ist die Wiedererlangung des persönlichen Friedens und des Gleichgewichts, die eure Erleuchtung begleiten sollen. Um das möglich werden zu lassen, ermahne ich euch als Erstes: Hört auf, eure eigenen negativen Strudel zu erschaffen!

Euer alltägliches Leben ist voller unangebrachter Reaktionen auf Ereignisse und andere Menschen. Wie könnt ihr eure Arbeit tun, wenn eure Gedanken überschattet sind von den Gefühlen, die durch unangemessene Reaktionen hervorgerufen werden? Alle Lehren, die ich euch bisher in diesem Buch mitgeteilt habe, handeln von der

Veränderung eurer Imprints durch neue Implantate, die euch zu genau dieser Veränderung fähig machen. Seht ihr nun den Zusammenhang? Meine Anpassungen am Gitternetz werden geeicht und mit Gradeinteilungen versehen, um diesen Wandel in euch zu verstärken und um euch mehr Kraft für die Durchführung zu geben. Diese Dinge sind ein Teil eurer neuen Fähigkeiten.

> Hört auf,
> eure eigenen
> negativen Strudel
> zu erschaffen!

Konzentriert euch täglich darauf, nicht länger auf die »Knöpfe« zu reagieren, die ihr die ganzen Jahre über in eurem Verstand habt »drücken« lassen. Hat euch ein anderer Mensch eine Beleidigung oder einen Schmerz zugefügt? Ist irgendetwas offenbar nicht korrekt gelaufen? Wurdet ihr von einem Menschen enttäuscht? Erlangt im tagtäglichen Leben Herrschaft über diese Dinge! Ihr könnt fast alle völlig aufheben! Wenn ihr so handelt, werdet ihr es merken. Glaubt mir, ihr werdet euch anders fühlen.

Die Beantwortung der dritten Frage wird euch bei der Methode helfen. Das Ziel ist: Bringt Frieden in euer Leben, sodass ihr eure Arbeit tun könnt. Wenn ihr lernt, eure Reaktionen auf eure bisher stressendsten Themen zu beherrschen, werdet ihr an Kraft und Stärke gewinnen. Und diese neu gewonnene Kraft erhebt euch so weit, dass ihr es wieder und wieder tun könnt. Und schließlich werdet ihr dann verstehen können, dass die Ereignisse in eurem Umfeld, denen ihr anscheinend ohnmächtig ausgeliefert seid, sehr wohl im Bereich eurer eigenen Macht liegen.

Es ist sehr wichtig, dass ihr lernt, diese alltäglichen Dinge direkt zu erkennen, wenn sie auftreten, damit ihr sie, eins nach dem anderen, aufheben könnt. Und desgleichen ist es auch sehr wichtig, dass ihr die Wahrheit in euch selber sehen lernt, wie ihr bisher mit solch besorgniserregenden Gegebenheiten umgegangen seid. Manche Menschen sind so daran gewöhnt, mit diesem Wirbel zu leben, dass es ihnen tatsächlich Unruhe und Sorge bereitet, ohne diesen Strudel zu sein. Friede ist ein natürlicher Zustand und doch neigen einige von euch dazu, ihre eigenen negativen Wirbel zu kreieren und sich darin zu suhlen, sodass die anderen ihnen Aufmerksamkeit schenken. Wenn ihr ausbalanciert seid, werden euch eure Geistführer all die Aufmerksamkeit schenken, die ihr euch je gewünscht habt.

Dies ist möglicherweise nicht die von euch erwartete Antwort auf eure Frage und doch ist es eine angemessene Beantwortung. Ihr fragtet danach, wie ihr das Gefäß von innen reinigen könnt, und ich antworte euch, dass ihr erst lernen müsst, den Deckel zu beherrschen, um es aufmachen zu können.

Frage: Was kann ich über meine persönliche Selbstentwicklung hinaus tun, um in der Weit etwas für die Menschheit zu bewirken?

Antwort: Diese Frage hat viele Facetten. Zum gegenwärtigen Zeitpunkt werde ich nur die wesentlichsten abdecken. Um der Menschheit zu helfen, müsst ihr mit der Erde selbst beginnen. Ihr könnt die Schwingungsrate des Planeten nicht anheben, ohne mit der physischen Erde selbst zu beginnen. Erst im Anschluss daran könnt ihr euch auf die spirituellen Angelegenheiten des Menschengeschlechts konzentrieren. Die Partnerschaft mit der Erde, von der ich sprach, ist für euer eigenes Wachstum von entscheidender Bedeutung.

(1) Physisch: In der Reihenfolge der Priorität steht es für euch Erdenbewohner an erster Stelle, darauf zu bestehen, dass euer Wissen und eure Wissenschaften dafür eingesetzt werden, den Abbau der wichtigsten Ressourcen der Erde zu stoppen. Dieser Bereich umfasst viele Teilbereiche, aber der gegenwärtig allerwichtigste Teil ist die Atmosphäre der Erde. Gewinnt die Kontrolle über den Abbau und die Verminderung von Chemikalien in den oberen Schichten. Ihr habt bisher noch nicht erkannt, wie wichtig das ist. Wenn ihr diesen Vorgang nicht als Erstes zu kontrollieren lernt, wird sich euer Wetter verändern. Verändert sich euer Wetter, dann werden sich auch die Gebiete für das Wachstum landwirtschaftlicher Produkte und damit die Nahrungsgewinnung für die Bevölkerung verändern und viele werden in Gegenden verhungern, wo ihr es nie erwartet hättet. Das ist von herausragender Priorität!

Als Nächstes müsst ihr eure synthetisch hergestellten, leicht flüchtigen atomaren Brennstoffe loswerden. Sie sind die absolut gefährlichsten Substanzen auf der Erde. Nutzt eure Wissenschaften und beginnt mit einem Entwicklungsprogramm, um diese tödlichen Stoffe zu neutralisieren. Wenn ihr jetzt damit beginnt, wird sich bis 1999 ein Fenster der Gelegenheit in der Wissenschaft auftun, das euch mit Ergebnissen belohnen wird. Stellt den Gebrauch dieser Stoffe für jeglichen Zweck ein. Wieso habt ihr als eine Rasse von intelligenten Wesen jemals ein Gift entwickelt und hergestellt, das ihr nicht beherrschen und in solchen Mengen kaum in Schach halten könnt? Nutzt euren Verstand, um die zwei wichtigen und unerschöpflichen Ressourcen zu verstehen, aus denen die Energie für eure Städte bezogen werden sollte: 1. Es gibt unbegrenzt viel Wärme direkt unter den Füßen jedes Menschen auf der Erde. Und ihr alle wisst, dass Hitze gleichzeitig Kraft und Energie ist. Es sollte niemals notwendig sein, irgendetwas für die Wärmegewinnung zu verbrennen oder zu vernichten. Lernt, wie diese Wärme zu gewinnen und zu nutzen ist! 2. Denkt an die unbeschreibliche Energie der Gezeiten an euren Küsten. (Liegen da nicht sowieso viele eurer größeren Städte?) Das Universum versorgt euch mit Tonnen und Abertonnen von Schub- und Zug-Kraft, die nur darauf wartet, von euch genutzt zu werden! Ihr versteht bereits die Nutzung von hydroelektrischer Kraft. Sie gehört euch, sie ist umsonst, sauber und immer da.

Die verschiedenen Nationen der Erde beginnen schon damit, sich diesen Problemen zuzuwenden, und ihr könnt beobachten, was geschehen wird: Zuerst wird es die Kulturen zusammenbringen. Dieser Vorgang ist ein Promotor, der den Frieden fördert. Frieden bedeutet eine Anhebung der Schwingung für jeden Planeten. Wenn keine Energien und Ressourcen mehr für Krieg und Kriegsplanung aufgewendet werden, wird immer weniger und weniger Gedankenenergie in die Vernichtung anderer Menschen fließen. So schaffen diese Planungssitzungen auch Toleranz zwischen den Völkern - eine wesentliche Voraussetzung für die beginnende Erleuchtung. Alle diese Vorgänge und Unternehmungen tragen mit dazu bei, ***Negativität aufzuheben,*** und so sind sie aus genau diesem Grund eine Methode des Transmutationsprozesses, von dem ich gesprochen habe. Darüber hinaus wird es euch erstaunen, wie eure kriegsorientierten Wirtschaftszweige in umweltorientierte und -schützende Wirtschaftsbereiche verwandelt werden können. Je mehr Menschen in jeglicher Art und Weise im Dienste des Planeten arbeiten, desto mehr wird »Leben in Hülle und Fülle« die so Arbeitenden entlohnen. Eure Kultur wird dadurch vorangetrieben und ich, als Kryon, habe großen Einblick in diese Vorgänge, denn ich habe sie viele Male gesehen. Wenn ihr wollt, dass eure Nation in den nächsten 11 Jahren führend ist, dann investiert heute in umweltorientierte Erfindungen und Entdeckungen; andernfalls werdet ihr (eines Tages) entdecken, dass ihr für andere arbeitet. Eure Wissenschaft ist reif für gute Entdeckungen in wichtigen Umweltbereichen. Wir werden euch helfen, aber ihr müsst beginnen.

(2) Spirituell: Versammelt euch und stellt positive Gedankenenergie für den Planeten und die Menschheit zur Verfügung. Darin liegt viel neue Kraft, Macht und Stärke, aber die Vorgehensweise muss gut verstanden und korrekt angewandt werden. In der neuen Energie könnt ihr sehr viel mehr kreieren als nur die Summe des Ganzen. Das heißt, wenn eine Gruppe von erleuchteten Menschen ausgerichtet, ausbalanciert und in Berührung mit ihren Geistführern ist, erzeugt ihre gemeinsame Energie einen Kraftexponenten, der einem Drittel ihrer Personenzahl entspricht. *(Beispiel: Eine Zwölfergruppe erzeugt einen Exponenten von 4, denn 12 Personen geteilt durch 3 ergibt 4; daraus errechnet sich 12 hoch 4 = 20 736!)* Ihr seht an diesem Beispiel, dass eine kleine Anzahl von erleuchteten Menschen so viel Kraft hat wie ein Stadion voller wohlmeinender, aber nicht erleuchteter Menschen. Das ist neu. Ihr habt niemals zuvor solch eine Kraft besessen, aber ihr müsst die Vorgehensweise verstehen. Begreift ihr mit diesem Hintergrundwissen, welche Wirkung wenige auf viele haben können?

Frage: Kannst du uns eine körperliche Übung mitteilen, mit deren Hilfe es für uns leichter ist, uns zu zentrieren, um die Informationen klarer zu empfangen?

Antwort: Es ist kein Zufall, dass die Vorgehensweise für einen besseren Empfang von Informationen genau die gleiche ist wie die für die Übermittlung von Gedankenenergie. In der letzten Antwort sagte ich euch, wie wichtig es ist, diesen Vorgang genau zu verstehen und korrekt einzusetzen. Ich kann das gar nicht genug betonen. Es wird eine Wissenschaft sein! Die Ergebnisse werden so erstaunlich sein, dass ihr permanent nach verfeinerten Methoden suchen werdet. Was ich euch hier gebe, sind die Anfangsgrundlagen. Später folgt mehr. Die Beantwortung eurer Frage besteht in Wirklichkeit aus zwei Teilen: 1. für eine Gruppe und 2. für eine einzelne Person. Es ist weniger eine körperliche Übung als vielmehr eine Vorgehensweise. Keine andere Übung kann euch so weit bringen wie das, was nun folgt.

Für beide Vorgehensweisen muss ich betonen, dass diese Anweisungen knapp und präzise sind und noch sehr viel mehr zu jedem einzelnen Schritt erklärt werden könnte. Ich habe meinem Partner bereits Informationen darüber gegeben und wenn es angesagt ist, kann er euch, falls ihr es wünscht, weiter darüber informieren.

Die wichtigsten Bestandteile sind (A) eigene Vorbereitung, (B) Kommunikation mit den Geistführern, (C) Informationsempfang und/oder Übermittlung. Die bedeutendste neue Kraft liegt in dem zweiten Teil (B). Eure Geistführer sind Schlüssel sowohl zum Empfang als auch zur Übertragung. Ohne sie habt ihr keine Kommunikation mit dem Universum. Das ist ihre Daseins-Absicht, ihr alleiniger Daseins-Grund. Wie bereits erwähnt, tragt ihr eure vollständige göttliche Wesenheit in euch, aber ihr könnt sie ohne eure Geistführer nicht erreichen.

Für Gruppen: Kommt zuallererst dahin, die Arbeit auch tun zu können. Eine unbalancierte Person in der Gruppe kann die Kraft drastisch beeinträchtigen. Bestimmt gemeinsam miteinander, was ihr als euer Ziel erschaffen wollt. Achtet sorgfältig darauf, dass euer Thema in universeller Übereinstimmung mit dem großen Ganzen ist. Mit der Menge der Kraft, die ihr jetzt habt, tragt ihr darin eine große Verantwortung. Bestimmt einen Gruppenleiter zur Führung, damit ihr gemeinsam durch die einzelnen Schritte gehen könnt. Konzentriert euch jeweils auf nur eine Aufgabe; die Zusammenkunft mit viefältigen Aufgaben zu verwässern würde bedeuten, das Ergebnis zu verwässern. Schließt eventuelle Störungen und Unterbrechungen aus und lasst keine Ablenkungsfaktoren zu.

A: Eigene Vorbereitung

1. Nutzt, was ihr über Körperposition und Haltung wisst, um euch gemeinsam in der Gruppe auszurichten. Das ist keine neue Information und es hat sich nichts geändert. Eine Nord-Süd- und/oder Ost-West-Positionierung wird hilfreich sein, ist aber nicht maßgeblich. *(Mit anderen Worten: Versucht euch in der Ausrichtung des Magnetgitternetzes zu positionieren, ihr könnt euch jedoch dabei auch gegenseitig zugewandt sein. Nehmt einen Kompass zu Hilfe.)* Versichert euch, dass ihr euch fern von magnetischen Störfeldern (Interferenzen) befindet.

Verwendet eine Visualisierungsübung, um alle Gedanken ziehen zu lassen, die nicht in der universellen Liebe sind. Wenn du dich in irgendeiner Art und Weise unbalanciert und aus dem Gleichgewicht fühlst, entschuldige dich von der Gruppe. Es wäre andernfalls für die Bemühungen des Ganzen zum Nachteil.

3. Nimm dir Zeit für die Wahrnehmung deiner selbst. Verstehe, dass du ein Teil Gottes bist, in eine Form gehüllt, wandelnd auf der Erde. Visualisiere dich selbst als die Wesenheit, die du bist. Liebe dich selbst. Verstehe die Bedeutung des »ICH BIN«.
4. Rufe die Quelle der Liebe an mit der Bitte, dich mit Frieden zu erfüllen. Sie wird reagieren, wenn sie gerufen wird. Es ist dein Recht. Visualisiere deinen dir persönlich liebsten aufgestiegenen Meister, wenn es dir dabei hilft, dich in Liebe zu hüllen.
5. Stell dir vor, dass du selber eine Erweiterung all derer bist, die um dich herum sind. Vergegenwärtige dir ihre Anzahl und sieh sie als ein einziges, ganzes Wesen. Erblicke dein Gesicht auf jedem ihrer Körper. Fühle ihre Liebe für dich.
6. Erlaube deinem Ego, sich aufzulösen. Vergegenwärtige dir, wie vorübergehend deine augenblickliche Lebensausdrucksform ist, gemessen an dem, was du wirklich bist, wenn du nicht auf der Erde weilst.

B: Kommunikation mit den Geistführern

1. Erkennt die Gegenwart eurer Geistführer mit Worten an, jeder für sich, *aber hörbar*. Sag den Geistführern, dass du sie liebst und für ihre Arbeit mit dir ehrst. Fühle ihre Liebe. Bitte sie, dich zu berühren. Lasst euren Tränen der Freude und Rührung freien Lauf, wenn ihr sie verspürt, denn das ist natürlich und in vollkommener Übereinstimmung.

   Dieser letzte Schritt ist von entscheidender Bedeutung. Ohne ihn ist eure Arbeit nutzlos. Versteht die Aufgabe der Geistführer und es gibt nichts, was ihr nicht erschaffen könnt! Sie sind eure Verbindung, euer »Leitungsdraht« zur anderen Seite des Schleiers. Ohne das werdet ihr nicht in der Lage sein zu kommunizieren.
2. Unter Führung des Gruppenleiters erklärt den Geistführern kurz das anstehende Projekt und das Ziel. Geht nicht davon aus, dass die Geistführer irgendetwas von dem wissen, was ihr tut. Geistführer sind astral und außerhalb eures kulturellen Bewusstseins. Seid immer präzise und genau in euren Ausführungen und achtet darauf, ihnen nur Informationen über das *angestrebte Endergebnis* zu geben und nicht Anweisungen, *wie dieses zu erreichen sei.*
3. Bittet alle gemeinsam eure Geistführer, euch miteinander zu verbinden.
4. Geht in die Stille, werdet ruhig und meditativ. Nehmt euch ausreichend Zeit für diesen Übergang. Visualisiert, wie kraft- und machtvoll ihr jetzt geworden seid.

C: Die Arbeit

Ihr seid in der Lage, entweder 1. eine Übertragung oder 2. ein Empfangen oder 3. beides zu vollbringen. Zu diesem Zeitpunkt kann sich alles ereignen, aber das Folgende gilt speziell für die Übertragung *(ein Empfangen wird dabei jedoch bis zu einem gewissen Grad folgen).*

1. Lasst den Gruppenleiter mit Worten und starker visueller Deutlichkeit das Ziel beschreiben. Das sollte in der Form geschehen, dass die vollendete Aufgabe gesehen und benannt wird, nicht die Art und Weise, wie sie erreicht wird. Mit anderen Worten, seht das Endergebnis so, als wärt ihr in den ersten Augenblicken eurer Arbeit vollkommen erfolgreich gewesen.
2. Sprecht mit Hilfe des Gruppenleiters eine gemeinsame Formulierung des ***Endergebnisses*** und sprecht sie laut aus.

   Das ist nun keine Bitte an das Universum! Es ist vielmehr eine gedanklich erzeugte Handlung, mit der Absicht, ein Ergebnis zu ***erschaffen***. Versteht, dass ihr nun ***kreiert*** und nicht ***bittet***. Der Gruppenleiter kann den speziellen Wortlaut vorher vorbereiten, sodass dieser vollständig, komplett und übereinstimmend angepasst ist. Seid sehr achtsam darin, genau das zu visualisieren, was ihr wollt, denn genau das wird eintreten. Visualisiert am Anfang euren Planeten als stabil. Visualisiert euren Planeten in physischem Frieden, ohne dass ihn irgendwelche äußeren Umwälzungen auch nur im

Entferntesten berühren können. Visualisiert euren Planeten in Harmonie mit den Wesen, die auf und in ihm wohnen. Visualisiert euren Planeten im Gleichgewicht!

Erst nachdem ihr euch mit der physischen Erde beschäftigt habt, solltet ihr mit Visualisierungen bezüglich anderer Menschen beginnen. Das ist die stimmige Reihenfolge und sie kann euch viel darüber sagen, wie eure Spiritualität der Zukunft bestimmt sein wird.

3. Tut dies insgesamt dreimal. In welchem Zyklus ihr euch auch äußert, ***tut es dreimal***. Es ist jetzt nicht angesagt, schüchtern zu sein. Seid euch bewusst, dass das, was ihr tut, von höchster Bedeutung ist. Sprecht langsam und mit Überzeugung und Ruhe. Erkennt eure Stärke und Macht. Tut es so, als wenn ihr anordnen würdet, dass es getan wird.
4. Nehmt die Länge der Zeit wahr, die es für euch von Schritt 1 bis zu Schritt 3 bedurfte, und verbringt jetzt genauso viel Zeit in völliger Stille und Meditation. Das ist der Augenblick, in dem ihr Informationen und/oder die Energie der Liebe empfangen werdet. Empfindet es zu diesem Zeitpunkt eurer Versammlung nicht als unangebracht, eure gegenwärtigen inneren Gefühle zum Ausdruck zu bringen. Stellt alles zur Verfügung, was an äußerer Sinnesanregung dazu beitragen kann, die inneren Gefühle auszudrücken *(Musik, Düfte, Licht und Farbe, etc.)*.
5. Kehrt unter der Anleitung des Gruppenleiters langsam wieder in den Zustand zurück, in dem ihr begonnen habt.

Der gesamte Prozess sollte ***nicht länger als eine Stunde eurer Zeitrechnung dauern***. Das gleiche Treffen sollte noch einmal mit derselben Zielsetzung wiederholt werden, damit andere universelle Ausrichtungsprozesse wirksam werden können. Wenn ihr ausgeglichen seid, dürften die kleineren rückläufigen Planeten die Kommunikation nicht beeinträchtigen. Die größeren planetarischen Aspekte werden sich jedoch auswirken - daher: Wiederholt das Treffen.

Persönlich könnt ihr alle im Einzelnen, jeder für sich, mit diesen Schritten die gleiche Art individueller Kommunikation und Zentrierung erreichen. Tatsächlich ist es für euch sogar erforderlich, das zu tun, damit ihr ein Leben in Frieden und Fülle führt. Benutzt wieder dieselben Grundbestandteile: (A) Vorbereitung, (B) Kommunikation mit den Geistführern, (C) Empfang und Übertragung von Informationen. Formuliert alles in Worten! Kommuniziert mit euren Geistführern klar das Endergebnis und ihr werdet es erhalten. Wendet dieselben Regeln und Prinzipien an, wie in den vorherigen Ausführungen aufgelistet, nur eben ohne Gruppenleitung.

Ich bat meinen Partner, die persönliche Kommunikation mit euren Geistführern aus der menschlichen Perspektive noch genauer zu beschreiben, weil er in dieser Hinsicht Erfahrungen hat *(siehe Kapitel 7)*. Das ist es, was diese Schriften für viele von euch zu etwas Ungewöhnlichem, etwas Besonderem macht. Ich bin Kryon vom magnetischen Dienst und spreche durch einen Menschen mit eingeschränktem metaphysischem Hintergrund. Diese Partnerschaft ermöglicht für euch ein einfaches

Buch mit praktikabel geschriebenen Wahrheiten. Es gibt sehr, sehr viel mehr über die Vorgehens- und Funktionsweise der Arbeit des Universums zu sagen, aber derzeit braucht ihr das Geschriebene in der gegebenen Weise, um die Basis der neuen Energie zu verstehen *(vgl. Kapitel 7)*.

Frage: Wer wäre der beste Präsident, dessen Grundlage die Liebe ist und der im Sinne von Ganzheitlichkeit anstelle von Separatismus wirkt? *(Erinnert euch daran, dass diese Frage im Juli 1992 gestellt wurde. Die Kandidaten waren George Bush, Bill Clinton und möglicherweise Ross Perot.)*

Antwort: Die Kryon-Wesenheit sieht die Menschheit und die einzelnen Individuen als Gruppen, die Fenster der Gelegenheiten repräsentieren. Wie schon gesagt, liegt die Zukunft bei euch und keine Wesenheit kann euch sagen, was geschehen wird.

Ihr habt in eurer jetzigen Regierung eine paradoxe, aber passende, angemessene Situation. Ihr habt eure Regeln so erstellt, dass eine maximale Toleranz innerhalb der Führerschaft eurer kulturellen Gruppen möglich ist. Dadurch ist sichergestellt, dass sich keine spirituell oder religiös einseitige Ausrichtung präsentieren soll. Im Vergleich zu anderen Kulturen, deren Regierungen von religiösen Doktrinen und Idealen bestimmt werden, dürftet ihr beruhigt feststellen, dass eure Entscheidung, es so zu machen, richtig war. Toleranz ist ein Schlüssel, ein zentraler Bestandteil für Erleuchtung.

Dadurch entsteht jedoch die Situation, dass der beste Kandidat für die Führerschaft ein Separatist wäre. Denn solch eine Person folgt den vorgegebenen Vorstellungen eurer Regierung von dem, was richtig und korrekt ist.

Die korrekte Antwort auf eure Frage, wer der beste auf der Liebe basierende, ganzheitlich ausgerichtete Präsident sei, würde lauten: James Carter. Leider habt ihr schon die Uneffektivität einer Entscheidung für ihn erlebt *(ganz zu schweigen davon, dass er derzeit nicht zur Wahl steht)*. Das Fenster der Gelegenheit bestand in diesem Falle mehr für ihn als individuelle Persönlichkeit als für das Land, aber ihr bekamt damit auch einen Eindruck von einem ganzheitlich orientierten Führer in einer Arena, die noch nicht dafür bereit war.

Euer Präsidentenamt ist noch nicht bereit für einen ganzheitlichen Führer, aber es wird zur Zeit eurer nächsten Wahlen so weit sein. Vieles wird sich ändern, bevor es wieder Zeit für euch ist, euren nächsten Kandidaten auszusuchen. Einige der Veränderungen werden dazu beitragen, dass ihr eine Persönlichkeit auswählt, die mit Hilfe der Politik und darüber hinaus in der Lage ist, den Massen in eurem Land zu helfen. Dadurch werden die Merkmale der Ganzheitlichkeit und der Liebe hervortreten. Sie können zum Ausdruck kommen, ohne dass die separatistischen Prinzipien, die dem jetzt noch im Wege stehen, verletzt werden.

Keiner eurer gegenwärtigen Kandidaten hat eine auf Ganzheitlichkeit und Liebe basierende Grundlage. Sie sind alle Separatisten, den Erwartungen des Landes entsprechend. Aus meiner Perspektive hat euer gegenwärtiger Führer die größte Chance (das größte Fenster der Gelegenheit), die Macht wieder zu erlangen (aber seine nächste Umgebung wird es möglicherweise nicht zulassen). Wenn sich seine Wiederwahl vollzieht, hat er sich, wie auch immer, in dieser Zeit einer größeren persönlichen Herausforderung zu stellen - welche ihm andernfalls nicht gestellt würde -, aus der eine Gefahr entstehen könnte. Beachtet außerdem: Findet ihr es nicht interessant, dass sich der dritte Kandidat erst nach dem Hereinkommen der neuen Energie im Januar 1992 präsentierte? Was will euch das sagen? Erinnert euch, dass die neue Energie eine enorme Veränderung in der Kraft und Macht der Persönlichkeiten bedeutet, um in der Weit etwas zu verändern. Die neue Energie repräsentiert eine Ära persönlicher Verantwortung für die Zukunft. Das Auftreten dieses Kandidaten ist insofern bedeutsam, als dass es sehr klar genau diesen Punkt trifft.

Die neue Energie repräsentiert eine Ära persönlicher Verantwortung für die Zukunft

Während viele sich behaglich damit fühlen, andere für sich entscheiden zu lassen, gibt es auch viele, die jetzt anfangen zu erkennen, dass sie ihr Schicksal selbst bestimmen können - wozu ihr von jetzt an aufgerufen seid.

Ich habe die acht Fragen beantwortet, die mir von der Gruppe der Vierzehn gestellt wurden. Diese Fragen waren für eure jetzigen Zeiten alle sehr angemessen und passend und die Antworten sollten von allen geprüft werden, nicht nur von denen, die die Fragen stellten. Es ist niemals meine Absicht, vage oder schleierhaft in meinen Anweisungen für euch zu sein. Wenn euch irgendetwas hier so erscheint, dann erinnert euch bitte daran, dass eure Zukunft nicht festgelegt ist. Es können keine Antworten bezüglich möglicher Geschehnisse gegeben werden, aber es können Anleitungen gegeben werden, damit ihr die Geschehnisse erschaffen könnt.

Erkennt eure Kraft und Macht und erschafft eure Zukunft dementsprechend.

Ihr seid alle zutiefst geliebt!

Kryon

»Ich bin Kryon,
euch, in der Schulung, zu Diensten.

Ihr seid die Erhabenen.
Ihr seid diejenigen,
die sich dazu entschieden haben,
zum Wohle des Planeten immer wieder neu
zu inkarnieren und wieder zu sterben.

Dafür ehren wir euch mit großer Achtung
und unermesslicher Liebe.«

KAPITEL 5

Heilung und Krankheit

Unterweisungen zur Transmutation

Es wäre nicht im universellen Sinn korrekt, würde ich euch als Kryon Antworten auf Fragen geben, für die ich nicht auch die entsprechenden Fenster der Gelegenheiten gesehen hätte. Damit möchte ich sagen, dass ihr als Studenten die Weisheit eures Lehrers daran erkennen könnt, dass er euch nicht einfach eure Fragen beantwortet, sondern euch die Lektionen lernen und die Lösungen selbst herausfinden lässt. Ihr lasst eure Kinder auf der Erde in gleicher Weise ihre Lernschritte tun.

Jedoch weiß ich, dass ihr versteht, dass alle Erfindungen, alle Entdeckungen in der Natur und sogar alles, was scheinbar zufällig ist, wie das Auffinden alter historischer Kulturen..., dass all das vom Universum »gegeben« wird. Ich bin sicher, dass ihr alle bemerkt habt, dass wissenschaftliche Erkenntnisse oftmals nahezu zeitgleich an vielen Punkten des Planeten auftauchen. Damit möchte ich sagen, dass die Information an viele gegeben wird, auch wenn es so aussieht, als wenn ein einzelner Mensch mit einer neuen Idee zum Durchbruch kommt. Der eine Mensch, dem dann das Verdienst dafür zukommt, ist derjenige, der am schnellsten die intuitive Wahrnehmung anerkannte, sie mit bereits vorhandenen Kenntnissen in Zusammenhang brachte und dadurch neue wissenschaftliche Erkenntnis schuf. Beachtet bitte, dass der Anfang aller wissenschaftlichen Informationen in der geistigen Präsentation einer Idee zur angemessenen Zeit besteht. Wie bereits gesagt, erhalten diejenigen mit dem besten intuitiven oder spirituellen Bewusstsein für den Empfang von Informationen die Anerkennung dafür. Bringt das nicht durcheinander und meint, nur den Erleuchteten würden Informationen gegeben. Viele von euch haben ein wunderbares intuitives Bewusstsein ohne viel Erleuchtung (eine gute Intuition ohne spirituelles Wissen).

Was ich euch nun erzählen möchte, hat mit irdischen Krankheiten zu tun. Ich werde nicht über spezielle Krankheiten sprechen und werde mich sehr allgemein halten. Die Information ist jedoch zeitlich angemessen. Das bedeutet, dass es für manche von euch richtig ist, jetzt davon zu erfahren. Von anderen, Kryon vergleichbaren Wesenheiten werden Informationen dieser Art jetzt ebenfalls verbreitet.

Die Anwendung wird Arbeit und forschende Entdeckung (des Werkzeuges) erfordern, aber dies sind die Grundlagen:

Lebendige Krankheitsorganismen auf der Erde bestehen aus kleinen Ketten sich wiederholender Teile. Diese Teile verbinden sich mit Symmetrie und Form und bilden so ein System, das dazu bestimmt ist, seinen eigenen Fortbestand zu sichern; speziell, falls angemessen, den menschlichen Systemen überlegen zu sein und noch größeres Ungleichgewicht und oft den Tod herbeizuführen. Ich sprach bereits davon, dass das im Sinne des Universums angemessen ist, und davon, wie das karmische Imprint und die Implantate auf Krankheit reagieren. Versteht bitte, dass diese Dinge im universellen Zusammenhang keine Fehler sind, sondern sehr wichtige und korrekte Mechanismen im Hinblick auf das komplizierte Zusammenspiel eurer Ausdrucksformen auf dem Planeten.

Innerhalb der Symmetrie der sich wiederholenden Teile, die den Krankheitsorganismus bilden, gibt es spezifische Teile mit Erweiterungen und Einbuchtungen, die ihren Gegenpol »suchen«. Das heißt, sie suchen die ihnen entsprechenden Gegen-Erweiterungen und -Einbuchtungen inmitten ähnlicher Systeme im menschlichen Körper. Wenn die Erweiterungen und Einbuchtungen von Krankheitsorganismen mit dem menschlichen Organismus zusammenpassen, setzt sich die Krankheit fest, wie ein tödlicher Schlüssel in einem Schloss: Die Krankheit beginnt sich zu verfestigen und damit beginnt sie zu wachsen. Wenn du als erleuchteter Mensch jetzt in der Lage bist, das hier Dargestellte wahrhaftig zu verstehen, wirst du ein Verständnis dafür bekommen, wie euer karmisches Imprint auf Zell-Ebene funktioniert ... Die Form der Erweiterungen und Einbuchtungen in den vielen Systemen eurer persönlichen Biologie ist wie ein Schloss, das bereit ist, den »Schlüssel« des Krankheitsorganismus aufzunehmen... oder auch nicht. Ein entsprechend bedeutendes Implantat kann daher euer Schloss verändern und dazu führen, dass der »Schlüssel« unfähig ist, es zu öffnen - Heilung und Gleichgewicht werden sich einstellen. Denkt euch also euer Implantat als eine »Sperre« gegen Krankheit.

Die meisten von euch kommen mit einem Imprint auf die Welt, welches Krankheit zulässt. Es ist immer das karmische Implantat, das solche Dinge aufhebt. Dies ist einfach allgemein ein Teil des menschlichen Karma und gehört zu eurem Hiersein auf der Erde. Viele von euch bekommen bei der Geburt verschiedene Implantate, die die allgemeinen Imprint-Parameter aufheben... deshalb werden manche Menschen krank und andere nicht.

Es liegt nicht in der Hand der menschlichen Wissenschaften, das Imprint zu ändern. Es kann niemals im Bereich eurer Möglichkeiten liegen, denn es ist kein biologischer Prozess. Daher gibt es logischerweise nur zwei Methoden, die euch helfen können. 1. Für jeden persönlich: ein Wechsel des Implantates von Seiten des Universums, wie es in diesen Schriften bisher beschrieben wurde, und 2. für den Planeten: eine Methode, die Krankheit dahingehend zu verändern, dass der »Schlüssel« geändert wird und nicht länger in jedes menschliche Schloss passt.

Wisst Folgendes: Auch wenn der Schlüssel schon im Schloss steckt, ist es noch nicht zu spät, etwas zu verändern. Der Grund dafür ist, dass 1. der Schlüssel dauernd neue Schlüssel hervorbringt, die sich immer weiter mit anderen Schlössern im Körper verbinden, und dass 2. der Schlüssel ***nie für immer und ewig in dem Schloss*** steckt. Krankheit ist ein unnatürlicher, ***unbalancierter Zustand***. Damit er bestehen bleibt, müssen auch bereits verbundene Schlüssel und Schlösser sich immer weiter gegenseitig »abfragen«, um festzustellen, ob sie noch zusammenpassen. Wenn ihr versteht, was das bedeutet, dann werdet ihr auch verstehen können, wie Heilung funktioniert, selbst wenn es »zu spät« ist.

Ich werde später in diesem Text genauere Ausführungen über einige Funktionsweisen dieser Symmetrie (der sich wiederholenden Teile) geben, die den ganzen Krankheitsmechanismus ausmachen.

Heilung in der neuen Energie

In der neuen Energie habt ihr die Kraft und Macht zu helfen, wie ihr sie niemals zuvor hattet. Das bedeutet Folgendes: Wenn du im Gleichgewicht und in der Liebe bist und mit einem unbalancierten menschlichen Wesen in Kontakt kommst, welches für deine Kraft und Macht empfänglich ist, dann darfst du näher kommen und die »spirituelle Abfrage« *(Heilung)* vornehmen. Das ist der Moment, in dem der eine den anderen berührt und in sehr kurzer Zeit auf der astralen Ebene (der höchsten möglichen Ebene) spirituell abfragt. Die Frage wird von einer Seele an die andere gestellt und lautet:

»Ist es zum jetzigen Zeitpunkt angemessen, dass dein Imprint und damit deine Schlösser geändert werden? Wenn ja, dann hast du die Erlaubnis, die Kraft und Macht der Liebesquelle zu nutzen, um selbst dein Karma zu verändern und als Antwort auf diese Anfrage dich selbst *zu heilen.*« Beachtet, dass das Wesen durch die Kraft des balancierten Wesens die Erlaubnis erhält, sich selbst zu heilen. Die Kraft des balancierten Wesens wird nicht dazu genutzt, tatsächlich zu heilen, sondern als Katalysator oder als Stichwort eingesetzt, welches dem anderen »grünes Licht« signalisiert. Das ist von großer Bedeutung und ich hoffe, ihr als Leser seid jetzt in der Lage zu erfassen, was das heißt.

Ihr mögt fragen: »Warum sollte ein unbalancierter Mensch jemals ›nein‹ zu der Erlaubnis sagen, die innere Kraft zur Selbstheilung einzusetzen?« An dieser Stelle wirkt die universelle Weisheit ... wie bereits beschrieben - indem wir als mächtige Seelenwesen kollektiv über unsere Lektionen beschließen, bevor wir unsere Ausdrucksform auf der Erde einnehmen. Als ein »Teil Gottes« nutzen wir die Liebesquelle für eine Entscheidung darüber, wie das Imprint sein soll, um die Lektionen zu lernen, welche wiederum die Schwingungen der Erde erhöhen. In einer späteren Mitteilung möchte ich euch den Unterschied erklären zwischen dem oft missverstandenen Konzept der *Vorherbestimmung* und dem, was sich hier wirklich abspielt. Auch wenn ihr die wahren Zusammenhänge nicht wirklich erfassen könnt, seid ihr doch sehr wohl in der Lage, die dahinter stehende Absicht zu erfassen und zu erkennen, was nicht geschieht. Das mag für diejenigen von euch wichtig sein, für die es schwierig ist zu verstehen, inwieweit ihr wirklich euer Schicksal selbst steuert, solange ihr hier seid.

Wenn eine Seele wahrnimmt, dass die Lektion noch nicht gelernt ist, dann wird sie eine Aufhebung der Krankheit ablehnen. Solch eine »Ablehnung« hat nichts mit dem balancierten Menschen zu tun. Eure Vorstellung von »Heilen« gilt es nun zu verändern -

zu dem neuen Konzept von »Erlaubnis für Heilung geben«. Wenn die Erlaubnis angenommen oder verweigert wurde, ist die Heilungsarbeit *(bis zum nächsten Mal)* getan. Ihr könntet auch fragen: »Warum braucht ein krankes menschliches Wesen eine derartige Erlaubnis? Warum kann es nicht einfach selber handeln? Wenn das Karma nicht mehr länger gebraucht wird, dann könnte es doch einfach seine Macht wahrnehmen und sich heilen!« Die Antwort ist einfach: Erinnert euch, dass das kranke Wesen unbalanciert ist. Jegliche Unausgeglichenheit wirkt sich immer auf das Ganze aus. Das heißt, dass ***nicht nur ein einzelner Teil unbalanciert sein kann.*** Eine körperliche Krankheit wird sich auf den Geist und die Seele so auswirken, dass eine Kommunikation mit der Astralwelt in vielen Fällen nahezu unmöglich wird. Daher ziehen sich so viele Menschen eine Krankheit zu und sterben ohne Hoffnung. Wenn sich die Krankheit einmal festgesetzt hat, gibt es oft keine reale spirituelle Kommunikation mehr. Paradoxerweise ist es für euch auf der Erde oft so, dass ein kranker Mensch angesichts des drohenden Todes einen enormen Versuch der geistigen Versöhnung und des Gleichgewichtes macht, aber das eine setzt das andere voraus: eine wirkliche Heil-Kommunikation erfordert eine spirituelle Ausgeglichenheit, welche bei einem sterbenden Menschen mit körperlicher Krankheit nicht gegeben ist. ***Darum sind ausbalancierte Heiler auf dem Planeten so wichtig - um denjenigen zu helfen, die aufgrund ihrer Krankheit unmöglich »durchdringen« können.*** Meint ihr, nichts bewirken zu können? Schon allein eure Anwesenheit in einem Zimmer mit einem körperlich kranken Menschen kann helfen... Glaubt es! Kehrt einer solchen Gelegenheit nie den Rücken zu. Auch wenn ihr das Gefühl habt, dass es nichts nützt, und ihr kein Ergebnis seht - es bewirkt doch etwas.

Seid euch auch bewusst, dass Lebenslektionen und Karma oft so wirken, dass sie Heilung verhindern, und darum geht es in dieser Mitteilung. Denn in vielen Fällen ist es angemessen, das Leben zu beenden oder das Leiden noch eine Zeit lang zu ertragen; also wäre die Antwort auf die Heilungsanfrage der Seele in diesem Fall »Nein«. Tut die Arbeit und geht weiter. Habt nicht das Gefühl, versagt zu haben, wenn die Person nicht darauf anspricht. Aber seid euch darüber im Klaren, dass es für die, die nicht darauf ansprechen, ebenso viele gibt, die darauf reagieren... und hier habt ihr die Möglichkeit, die Energie des Planeten zu verändern.

Daher mischt sich in der neuen Energie ein Heiler in den vergangenen Prozess ein und gibt dem Unbalancierten die Erlaubnis, die benötigte Balance von der Liebesquelle zu beziehen, um seine innere Harmonie wiederherzustellen. Wenn es stimmig und der Zeitpunkt angemessen ist, kann der Unbalancierte sich selber heilen. Die gute Nachricht an dieser Stelle besteht darin, dass ihr in den kommenden Jahren in der Lage sein werdet, viele zu heilen (ihnen die Erlaubnis zu geben, sich selber in Harmonie zu bringen), welche ansonsten diese Inkarnation beendet hätten und wiederkehren würden.

Das ist ein Teil des Prozesses der Transmutation von Energie, von dem ich sprach. Denn ihr bewirkt durch das Zulassen dieser »Abkürzung« für andere Menschen, dass der zeitliche Ablauf des Ganzen beschleunigt wird. Die negative Energie, die den Tod von Menschen in Form von Schmerz, emotionalem Trauma und intensiver karmischer Verflechtung immer begleitet, wird transmutiert, ganz zu schweigen von der Zeit, die der Prozess des erneuten Aufwachsens und die Erfüllung der Ziele in der nächsten Ausdrucksform in Anspruch nehmen würden. Seht ihr, wie alles zusammenhängt? Zukünftige negative Energie wird auf diese Weise tatsächlich »ausradiert« und der positiven Energie wird ein Wachstum ohne einen Rückschlag ermöglicht. Im Astralen ist die Zukunft im Jetzt und daher werden die Heilungen nun positive planetarische Ergebnisse mit sich bringen. Wenn das schwer für euch zu verstehen ist, dann denkt an die Energie, die in einer Batterie gespeichert ist. Sie ist für die Zukunft gespeichert, für ein zukünftiges Ereignis: Aber sie ist jetzt in der Batterie eine reale positive Energie in Form von Elektrizität. Sie existiert also im Jetzt, obwohl sie auch in Zukunft eine Wirkung haben wird, wenn sie schließlich gebraucht wird.

Es gibt Menschenseelen mit kranken Körpern, die jetzt gerade darauf warten, dass ihr kommt und euch einmischt, und die Antwort ihrer Seele wird »Ja« sein - glaubt es! Könnt ihr euch einen besseren Weg zur Nutzung der Liebesquelle vorstellen?

Die Veränderung der Krankheitsorganismen

Ich habe vom Mechanismus der Symmetrie sich wiederholender Teile gesprochen, die den Krankheitsorganismus ausmachen. Wie ich schon einmal ausdrücklich sagte, kann Kryon nicht die Antworten geben, die es für euch selber zu erarbeiten gilt, und manchmal werden absichtlich metaphorische Antworten gegeben, die erst durch tiefer gehende Meditation verstanden werden können. Es ist niemals meine Absicht, auszuweichen oder euch in Stress zu bringen oder euch zu Handlungen zu veranlassen, die auf Fehlinformationen beruhen, denn ich liebe euch zutiefst und respektiere und achte eure Seelen, so wie ich Achtung vor der Quelle der Liebe selbst habe!

Inmitten der Symmetrie sich wiederholender sehr kleiner Teile, die den ganzen Krankheitsorganismus ausmachen, sind es nur einige wenige Teile, die den »Schlüssel« im zuvor beschriebenen Sinn darstellen. Diese Teile haben sehr spezielle Eigenschaften. Sie sind nicht nur die einzigen mit Ausbuchtungen und Vertiefungen, die auf der Zellebene passende Muster »suchen«, sondern sie sind auch **empfindlich für magnetische Störungen**. Innerhalb der Kette sich wiederholender Teile gibt es einen ganz spezifischen Magnetismus.

Möglicherweise wird euch das gar nicht weiter wundern. Ich bin ja gegenwärtig gerade deshalb hier, um die magnetischen Eigenschaften, mit denen ihr in all euren Leben gelebt habt, mit dem Ziel zu verändern, dass ihr mehr Kraft und Macht genießen könnt. Es geht also in dem, was ich euch mitteile, um die Feineinstellung eurer Spiritualität auf der Zellebene selbst.

Um erfolgreich zu sein, müsst ihr 1. die Kette der Teile freilegen, 2. die in Frage kommenden Teile identifizieren und 3. sie magnetisch verändern. Beachtet, dass eine unspezifische Gesamt-Sperre der magnetischen Energie ***nicht funktionieren wird***, denn damit würden sich nur alle Eigenschaften gleichermaßen verändern und zueinander im gleichen Verhältnis bleiben, auch wenn die Gesamtpolarität vielleicht verändert wird. Der Schlüssel bliebe unverändert. Ihr müsst das Verhältnis zwischen den Teilen innerhalb der Kette verändern, vergleichbar mit einem Schlüssel, an dem eine Einbuchtung entfernt wurde ... dann wird er ***nicht mehr in das Schloss passen***.

Wenn ihr diese Aufgabe beherrscht, dann wendet die gleiche Methode auf andere Umweltprobleme der Erde an ..., besonders auf das Problem des nuklearen Abfalls. Instabile Elemente können ***vollständig neutralisiert werden***. Es ist nicht nötig, dass ihr dieses flüchtige Material bei euch auf dem Planeten existieren lasst.

Auch wenn es nicht biologisch ist, stört es doch das Gleichgewicht der Natur und das meiste davon ist keines natürlichen Ursprungs. Die Anwendung der gleichen Methode des ***spezifischen magnetischen Eingreifens und Umpolens der Teilchen*** wird hier erfolgreich sein. Eure zukünftige Technologie wird es euch erlauben, denn wenn ihr in der Lage seid, den Mechanismus zu entdecken, dann werdet ihr die Veränderung der Teilchen im großen Maßstab betreiben können. Ihr habt euch das verdient!

Ich bin Kryon vom magnetischen Dienst

Ihr seid alle zutiefst geliebt!

Kryon

Es gibt keine größere neue Kraft
als die der Verbalisierung und Visualisierung.

Diese beiden zusammen
erschaffen Absicht, Sinn und Substanz,
wo vorher nichts bestand
außer Negativität und Dunkelheit.

Wie könnt ihr mit diesem Wissen
noch still und passiv bleiben?

KAPITEL 6

Jesus Christus

Der metaphysische Christus

Die Botschaften in diesem Kapitel waren die allerersten Mitteilungen, die ich empfing. Sie wurden mir in der reinsten Liebe und Verantwortung des einen göttlichen Geistes von der Wesenheit Kryon gegeben. Anders als in den anderen Buchkapiteln, die in der ersten Person geschrieben wurden, sind diese Informationen aus meiner Perspektive aufgeschrieben.

Das nun folgende Kapitel ist eine Zusammenfassung der metaphysischen Sichtweise von Jesus. Zugleich gibt es einen kurzen Einblick in die Weltsicht der Metaphysiker. Es ist nicht die Absicht, den Leser von irgendetwas zu überzeugen oder irgendeinen Glauben zu propagieren oder zu verteidigen.

Sollten Sie mit den nachfolgenden Gedanken nicht übereinstimmen oder sollte die beschriebene Sichtweise sich während des Lesens unbehaglich für Sie anfühlen, dann legen Sie den Text beiseite und tun das, was Sie für richtig halten. Wenn Sie weiterlesen, mögen diese Informationen Ihnen dienen.

L. C.

In der westlichen Welt (auch als die »Erste Welt« bekannt), welche Amerika und den überwiegenden Teil Europas umfasst, ist der Name Jesus Christus wahrscheinlich einer der bekanntesten Namen. Für viele Menschen repräsentiert der Name Jesus eine außergewöhnlich große persönliche Freude und es ist schwierig, Ihn zu erwähnen oder über Ihn zu diskutieren, ohne damit nicht zugleich auch sehr starke Gefühle auszulösen. Das ist so, wie es sein soll.

Schon in sehr jungen Jahren, sobald wir überhaupt fähig waren, irgendetwas zu verstehen, wurde den meisten von uns in der Ersten Welt etwas über Jesus erzählt. Dabei spielt es keine bedeutende Rolle, ob wir Christen sind oder nicht. Das Gedicht *One Solitary Life* weist darauf hin, dass kein anderer Mensch, der je auf Erden lebte, einen auch nur annähernd so starken Eindruck hinterließ, wie Jesus es tat.

Weihnachten ist in der Ersten Weit eine sehr besondere, von allen erwartete Zeit. Wenn Sie Jude oder irgendein anderer Nicht-Christ sind, dann ist es nicht leicht, dem weihnachtlichen Geschehen auszuweichen: Wir werden nahezu alle davon »bombardiert«. Es macht Jesu Geburtstag zu dem außergewöhnlichsten und weltweit bekanntesten Ereignis des Jahres. Den Juden wird beigebracht, dass der Messias noch nicht auf die Erde gekommen sei, aber eines Tages erscheinen wird. Die Christen sind sich sicher, dass er nicht nur hier auf der Erde gelebt hat, sondern auch für die Sünden der Welt gestorben ist... und dass Er eines Tages wiederkommen wird, um eine neue Weit zu errichten.

Unglücklicherweise entwickelten sich in den zurückliegenden 2000 Jahren hunderte von christlichen Glaubensgemeinschaften und Glaubenssystemen mit zum Teil sehr unterschiedlichen Auffassungen und Interpretationen über das, was Jesus sagte und lehrte, und darüber, wie das Leben eines wahren Gläubigen sein sollte, um ein in diesem Sinne gutes Leben zu sein.

Das, was alle Glaubensgemeinschaften gleichermaßen für sich in Anspruch nehmen, ist die Überzeugung von der Richtigkeit ihrer eigenen Lehren. Daraus resultierend beanspruchen sie das Recht auf mehr Gültigkeit, als sie es den anderen zubilligen. Zudem hat jedes Glaubenssystem seinen eigenen spirituellen Nachweis und somit seine Bestätigung für den eigenen Anspruch auf Wahrheit.

Einige innerhalb der verschiedenen Richtungen legen genauso viel Wert auf die Verehrung von Maria, der Mutter Jesu, wie auf die Verehrung von Jesus selbst. Einige betonen das geheime Wissen, das nur an auserwählte Gläubige in geheimen Zeremonien weitergegeben werden kann. Einige glauben erst Mitglied einer Gruppe werden zu müssen, um ein wahrer Gläubiger zu sein, und einige glauben, es sei völlig ausreichend, Jesus einzig im eigenen Herzen anzunehmen. Manche glauben, dass die Propheten von vor 2000 Jahren die einzig gültigen Propheten seien, und einige sind davon überzeugt, dass die Kirche auch heute noch Propheten hat. Einzelne glauben, dass es einen höchsten christlichen Führer geben solle, andere meinen, dass ein lokaler Führer völlig ausreiche. Einige sind davon überzeugt, dass nur besonders außergewöhnliche Menschen mit

Jesus reden können und dass die gewöhnlichen Menschen dieser besonderen Menschen als Vermittler bedürfen. Sie suchen einen dieser besonderen Menschen auf, um vor ihm, der mit Gott kommunizieren kann, ihre Beichte abzulegen - und dieser besondere, außergewöhnliche Mensch kann ***niemals*** eine Frau sein. Einige sind davon überzeugt, dass jeder Mensch direkt mit Jesus sprechen kann. Einige glauben, dass zum Ende der Zeiten nur eine Hand voll von auserwählten Menschen bei Ihm sein werden..., selbstverständlich Menschen aus der eigenen Glaubensgemeinschaft.

Einige glauben, dass etwas weniger als 200 000 Seelen auserwählt werden, am Ende der Zeiten bei Ihm zu sein, wiederum aus ihrer eigenen Anhängerschaft. Wieder andere sind davon überzeugt, dass jeder, der dem »rechten Weg« folgt, ein wahrer Christ sei, und anschließend diktieren sie den »rechten« Weg.

Einige behaupten, ein spiritueller Führer dürfe nicht verheiratet sein; andere sagen, das spiele keine Rolle. Einige glauben, es sei unmöglich, als spiritueller Führer zugleich auch ein Mitglied der Gesellschaft der westlichen Welt zu sein; andere sagen, das spiele keine Rolle. Einige bestehen darauf, dass die Gläubigen an Jesu Geburt als ein Wunder glauben müssen (er würde andernfalls nicht zuhören); andere sagen, das spiele keine Rolle und jeder könne ihn verehren (und Er würde jedem zuhören).

Die ursprüngliche Bedeutung zahlreicher Schriftstellen wurde von den jüngst entdeckten Schriftrollen am Toten Meer bestätigt. Diese sehr bedeutsamen

Dokumente wurden jedoch 50 Jahre lang im Verborgenen gehalten und nur gewisse autorisierte Gelehrte einer bestimmten Gruppe hatten die Erlaubnis, die Schriften zu studieren. Noch heute kontrollieren einige wenige Menschen, wer die Schriften einsehen darf. (Dies wird sich bald ändern und zu einigen aufregenden Enthüllungen führen.)

Immer schon herrschte ziemliche Uneinigkeit über Jesus und die Bedeutung seiner Lehren für die Menschen, doch nahezu jeder, ohne Ausnahme, ist davon überzeugt, dass Jesus die Essenz der **Liebe** Gottes repräsentierte. Er war die Liebe selber und kam als ein übernatürliches Wesen auf ganz besondere Weise zur Erde, um uns zu lehren. Kein Mensch, der daran glaubt, dass Jesus hier auf der Erde lebte, streitet diese Tatsache ab. Allerdings wurden die Einzelheiten darüber, was mit dem Wissen zu tun sei und welcher Glaubensgemeinschaft man sich anschließen solle, mit solcher Intensität debattiert, dass viele so genannte Heilige Kriege in Seinem Namen stattfanden und dazu führten, dass viele unschuldige Menschen getötet wurden, nur weil sie mit angeblich Ungläubigen verbunden waren.

Auch heute noch muss man in einigen Englisch sprechenden Ländern Europas sehr vorsichtig sein, wenn man von einer Wache angehalten und gefragt wird, zu welcher der beiden christlichen Glaubensgemeinschaften man gehöre. Die falsche Antwort könnte gefährlich sein.

Wollte man all dies einem Besucher erklären, der gerade von einem anderen Planeten zur Erde kommt, könnte es wohl etwas verunsichernd und beunruhigend sein. (Tatsächlich könnten wohl so einige Erklärungen von irdischen Zuständen für einen Besucher aus dem Weltraum beunruhigend sein!) Nicht dass ich damit anregen wollte, nun alles einem Weltraumbesucher zu erklären, sondern nur als Beispiel – stellen Sie sich einmal vor, wir wollten es ihm erklären. Und stellen Sie sich bitte weiterhin vor, dass der Besucher aus dem Weltraum die Geschichte, Kultur und die aktuellen Ereignisse unserer Erde bereits kennt. Es wäre dann möglicherweise recht schwierig, die Bedeutung Jesu zu rechtfertigen.

Der Besucher könnte die Tatsache vorbringen, dass die **Mehrheit der Erdbevölkerung** ein oder zwei völlig andere, ebenfalls übernatürliche Persönlichkeiten verehrt und dass auch sie in verschiedene Glaubensgemeinschaften aufgeteilt sind, allerdings mit einer wesentlich verbindlicheren Verständigung über das Wie ihrer Verehrung.

Millionen von Menschen vereinigen sich, um zur gleichen Zeit zu Gott zu beten, ihm zu danken und ihn zu verehren. Und sie leben ihr Leben, ohne jemals von Jesus gehört zu haben. Der wahrhaft beschämende Teil für die Nachfolger Jesu ist, dass diese Menschen ihren Glauben in einer höchst beeindruckenden Art und Weise mit in ihren Alltag hineinnehmen. Verbringen Sie einige Zeit mit jemandem aus Nahost und beobachten Sie ihn dabei, wie viel Zeit er mit der Verehrung Gottes verbringt oder was er dafür opfert. Das Gleiche gilt für einen Menschen aus Asien. Beobachten und vergleichen Sie nun diesen Gottes-Dienst mit dem Tun eines modernen christlichen Gläubigen aus der Ersten Welt. Dieser Vergleich wird einige tiefgreifende Fragen über Vertrauen, Glauben und Bekenntnis aufwerfen.

Befragt man die christlichen Anführer dazu, dann werden sie natürlich erklären, dass alle anderen, der überwiegende Teil der Erdbevölkerung, sich irren. Sie sind Heiden und weil sie Jesus nicht kennen, sind sie verlorene Seelen. Es ist die Aufgabe der Christen, den anderen die frohe Botschaft von Jesus zu bringen. Die Christen lernen, dass Gott Jesus auserwählte, zu uns auf die Erde zu kommen, um mit einer kleinen Anzahl auserwählter europäischer Kaukasier zu sprechen, einigen wenigen Menschen aus der Gegend des so genannten Mittleren Osten. Und diese Gruppe (oder vielmehr diejenigen, die Ihm glaubten) hatten den Auftrag, Seine Lehren zu den anderen 4 Milliarden rund um den Globus zu bringen; alles in allem innerhalb der Zeitspanne bis zu seiner Wiederkehr.

Die wirkliche Ironie bei all dem ist, dass die anderen Menschen, die nichts von Jesus wissen, ihre eigenen übernatürlichen Wesen unter sehr ähnlichen Voraussetzungen verehren, wie es die Christen in ihrer Verehrung von Jesus zu tun pflegen. In der Tat sind einige der heiligen Schriften dieser heidnischen Gläubigen denjenigen der Bibel (unglaublicherweise) sehr ähnlich! Der überwiegende Teil der Bergpredigt und die klassischen Gebote des Alten Testamentes finden sich sehr deutlich in allen alten Schriften der Welt wieder. Einige lesen sich, als seien sie direkt der christlichen Heiligen Schrift entnommen, obwohl sie zum Teil schon lange vor Christi Geburt niedergeschrieben wurden, einige auch während der »fehlenden« Jahre von Jesus.

Das Merkwürdigste von alldem ist die Tatsache, dass die anderen ebenso daran glauben, dass ihre Lehrer die Repräsentanten der Essenz der göttlichen Liebe sind, und sie kamen auch in einer wunderbaren Art als übernatürliche Wesen zur Erde, um die Menschen durch ihre Wundertaten und Worte zu lehren (genau so, wie die Christen Jesus betrachten).

Und im Übrigen, fragt man die anderen, dann sind die Christen die Heiden, die Ungläubigen! (Seien Sie vorsichtig und schreiben Sie kein Buch, das der Meinung der anderen widerspricht, sonst werden sie Sie womöglich verfolgen und töten.)

Es ist der metaphysische Glaube, dass Jesus Christus einer der höchsten aufgestiegenen Meister war, der jemals auf der Erde lebte. Er kam, um uns die Wahrheit, die Liebe und ein Beispiel zu geben. Während Er hier unter uns weilte, schrieben viele über Ihn und Seine Taten, mit dem Ergebnis, dass wir heute über sehr umfangreiche Aufzeichnungen seines Lebens, Wirkens und Aufenthaltes hier auf der Erde verfügen. Nachdem er die Erde verließ, »channelten« viele Seine Lehren aus dem Geistigen (sie nannten es den Heiligen Geist) mit Anweisungen über die Wahrheit und Liebe. Einige dieser Channelings sind die Bücher des Neuen Testamentes, die übersetzt und wieder und wieder neu übersetzt wurden und in den vergangenen 2000 Jahren immer weitergegeben wurden. Metaphysiker glauben, dass andere Meister, vielleicht genauso mächtig wie Jesus - vielleicht auch Er selber - auch in anderen Kulturen der Erde erschienen, da die Menschen jemanden brauchten, der ihnen im Äußeren glich. Sie brachten grundsätzlich die gleiche universelle Botschaft der Liebe. (Einige glauben auch, dass Jesus nicht starb, sondern die Menschen weiter lehrte, nachdem er den Nahen Osten verließ.)

Da die Schriften (Channelings) oft verwirrend sind, sagen die Christen, dass wir darauf vertrauen müssen, dass der Heilige Geist uns die Weisheit zum Verstehen schenkt. Für die Metaphysiker heißt das ganz einfach, dass der gleiche Geist, der uns die Schriften gegeben hat, uns auch deren Bedeutung zeigen kann. Doch die meisten religiösen Führer stimmen absolut nicht darin überein, was der Heilige Geist sagt oder wer dazu qualifiziert ist, ihn zu empfangen. Diese Tatsache führte zu der enormen Zersplitterung innerhalb der Nachfolger Jesu.

Für die Metaphysiker ist der allerunglücklichste Teil des gesamten historischen Ereignisses von Jesu Leben auf der Erde das, was die jeweiligen **Machthaber** daraus gemacht haben. Die Worte Christi wurden anscheinend in der Absicht übersetzt und interpretiert, den menschlichen Geist und Willen zu beugen und zu erniedrigen. Da heißt es: »Kein Mensch ist würdig.« - »Wir sind in Sünde geboren.« - »Jeder fehlt...« - »Es gibt nichts, was der Einzelne persönlich tun kann, um sich selber aus seiner Wertlosigkeit zu erheben.« - »Der menschliche Geist ist sündig.« - »Du wirst mit dem Erbe geboren, dass du am Ende deines Lebens in die Hölle kommst.« – »Da du nichts wahrhaft Würdevolles tun kannst, musst du deine Verantwortung an eine höhere Macht übergeben.« – »Wenn sich dein Leben hervorragend entwickelt, dann hat das nichts mit dir persönlich zu tun.«

Christen wird schon sehr früh beigebracht, dass sie ihr Leben (ihre Kraft und Macht) Jesus übergeben müssen, um aus dem Sumpf der menschlichen Unwürdigkeit herausgehoben zu werden. Menschen haben den Sohn Gottes getötet. Gott erwartet Schuldgefühle und schätzt Leiden. Dann folgt Gottes Vergebung. Die Metapher von Jesus als dem Hirten und den Menschen als Schafen finden wir wieder und wieder in der Heiligen Schrift. (Wie wir wissen, erwarten wir von Schafen nicht, dass sie für sich selber denken können.)

Dieses Konzept ist der größte Unterschied zwischen dem metaphysischen Jesus und dem Jesus der Christenheit. Metaphysiker sind davon überzeugt, dass Jesus nichts von alledem meinte. Desgleichen glauben sie auch nicht, dass Jesus wie ein Gott verehrt werden wollte. Seine Worte bekommen durch das Bewusstsein des neuen universellen Glaubens eine völlig andere Bedeutung und ebenso hat sein überlieferter Tod nicht die gleiche Bedeutung.

Metaphysisch ausgerichtete Menschen sind davon überzeugt, dass jeder Einzelne als ein grundsätzlich spirituelles menschliches Wesen geboren wird und die gesamte Kraft Gottes in sich trägt. Eine Kraft, die nur darauf wartet, durch spirituelles Verständnis freigesetzt zu werden. Sie sind auch davon überzeugt, dass jeder Mensch für sein Leben selber verantwortlich ist. Das Leben auf Gott auszurichten heißt nicht, die Kontrolle aufzugeben, sondern vielmehr die Kontrolle (in der Eigenverantwortung) anzunehmen. Jesu Lehren (und die anderer Meister) helfen uns dabei. Ihre Anwendung im täglichen Leben kann uns unterstützen, die Kraft in uns zu finden, die schon immer in uns war.

Jesus kam nicht, um uns zu Schafen zu machen. Er kam, zu lehren, wie wir den Schafhirten in jedem von uns erwecken. Das heißt, »...unsere eigene Macht und Stärke anzunehmen«.

Metaphysiker befassen sich mit dem **Hier und Jetzt** (auch wenn es eine umfangreiche Menge sensationeller Veröffentlichungen z. B. über frühere Leben, UFOs und andere Phänomene als Begleiterscheinungen gibt). Die wahren Metaphysiker arbeiten an ihrer Selbstverwirklichung durch Selbsterkenntnis. Anhand der universellen Gesetze, die uns von Jesus (und anderen) gegeben wurden, lernen sie, sich während ihrer Erdenzeit zu einem höheren Bewusstsein zu erheben. Damit bringen sie ganz einfach ihre Überzeugung zum Ausdruck, dass jeder hier auf der Erde ein Leben voller Frieden, Freude und Gesundheit führen kann, wenn er Zugang zu der allen zur Verfügung stehenden Kraft Gottes findet (so wie Jesus es uns lehrte). Indem der metaphysische Mensch an sich selber arbeitet, hilft er zugleich, das gesamte Bewusstsein der Erde zu erhöhen. Das ist der wahre Zweck unserer Zeit hier auf der Erde.

Diese universelle Betrachtungsweise des Glaubens könnte nun ganz einfach als ein weiteres Glaubensbekenntnis, eine neue Religion interpretiert werden (eine mehr neben den hunderten bereits existierenden Glaubensgemeinschaften). Nun, worin besteht also der Unterschied? Sind Metaphysiker nur Menschen, die glauben, Gott besser zu kennen als alle anderen? Dann gäbe es keinen Unterschied zu allen anderen! Vielleicht scheint dies so, aber bei genauer Betrachtung finden wir einige einzigartige Unterschiede in dem metaphysischen Glaubenssystem:

- Jeder andere menschliche Glaube, jede Glaubensrichtung und Religion wird respektiert.
- Es gibt kein »falsches« System.
- Metaphysiker sind nicht missionarisch.
- Sie sind nicht an eine Doktrin gebunden; die spezifischen Einzelheiten werden oft der einzelnen Person überlassen.
- Es gibt kein menschliches Machtzentrum, keine oberste Autorität.
- Regeln sind selbst auferlegt und werden einzig von der individuellen Person kontrolliert.
- Der größte Teil glaubt und praktiziert die universellen Lehren der Liebe, wie Jesus sie vorlebte.

Kurze Zusammenfassung des metaphysischen Glaubenssystems

Das Wort Metaphysik ist nur schwer greifbar. Ein beliebtes Wörterbuch definiert Metaphysik anhand folgender Attribute:

Metaphysisch:

adj. spirituell, körperlos, himmlisch, außerkörperlich, ätherisch, traumhaft, immateriell, unbestimmbar, nicht greifbar, unwirklich, unreal; seltsam, bizarr, geisterhaft, gespenstisch, unglaublich, mystisch, merkwürdig, unheimlich, bedrohlich, unwahrscheinlich, übernatürlich.

Da Worte wie bizarr, unheimlich, gespenstisch und übernatürlich in dem offiziellen Wörterbuch stehen, können Sie sich vorstellen, welchen Eindruck viele Menschen von Metaphysikern haben! Hier folgt eine kurze Beschreibung dessen, worum es wirklich geht:

(1) Für den Metaphysiker ist Gott ein Konzept, das auf unser vereintes kollektives Bewusstsein verweist (das große »ICH BIN«). Das heißt, dass jeder Mensch ein Teil Gottes ist. Während unserer Erdenzeit als Mensch ist diese Tatsache dem Einzelnen jedoch verborgen. Der Schleier wird in der Bibel im 1. Korintherbrief, 13, Vers 12, beschrieben (das große Kapitel der Liebe, welches in wunderbarer Weise auf die Rolle der Liebe im universellen Plan aller Dinge hinweist). In diesem Vers wird darauf hingewiesen, dass wir die Wahrheit wie durch ein verdunkeltes Glas betrachten und erst alles wissen werden, wenn wir vor dem Angesicht Gottes stehen. Die Übersetzung ist tatsächlich sehr metaphysisch: *»... aber dann werde ich erkennen, so wie ich erkannt bin.«* Dies besagt, das der Erkennende auch immer der Erkannte ist, eine unmissverständliche Verbindung zu dem Gottwesen in jedem von uns. Viele denken, es sei lächerlich zu glauben, jeder habe die Kraft

Gottes in sich. Aber Johannes der Täufer erklärte sehr deutlich, dass jeder Mensch die **Macht und Kraft in sich trage, wie Jesus ein »Sohn«, ein Kind Gottes zu werden**; einer, der aus dem Geist geboren ist (Joh. 1, Vers 12).

Was ist also der springende Punkt? Wenn wir selber »Gott« sind, wer veranstaltet die Show, während wir auf der Erde leben? Die Antwort, und vielleicht eine verwirrende Antwort: **Wir selber**. Als ein Teil Gottes entschieden wir uns hierher zu kommen und wir erklärten uns kollektiv mit den jeweils gegenwärtigen Aufgaben und Lektionen einverstanden. Verlassen wir die Erde, werden wir aus unserem eigenen kollektiven Bewusstsein heraus uns selber und unsere Leistungen betrachten, um kontinuierlich unsere Reise zu dem endgültigen Ziel fortzusetzen. Das endgültige Ziel ist die vollständige Energie der Liebe für das gesamte Universum.

In dieser Betrachtungsweise liegt der Grund, warum Metaphysiker sagen, es gibt keine Zufälle. Was auch immer geschieht, es geschieht aus gewissen Gründen. Kinder sterben... Kriege finden statt... Menschen werden geheilt... alles geschieht so, wie es für die Weiterentwicklung der Menschen im Sinne unseres gemeinsamen Zieles zu geschehen hat. Wir alle sind hier, um zu lernen. Es ist eine große Schule mit vielen Ebenen. Unsere Erdenzeit hier ist nur ein Augenblick angesichts des gesamten Planes. Während unserer Erdenleben werden wir von Helfern begleitet. Sie unterstützen uns in unseren Lernprozessen und bei der Bewältigung unserer Aufgaben. Sie begleiten und helfen uns freiwillig und sie gaben zu

Beginn ihre Zustimmung, dies zu tun. Vielleicht sind einige dieser Helfer unsichtbar (gespenstisch, hm? - wir kommen später darauf zurück).

Für einen logisch denkenden Menschen scheint es sinnlos, zur Erde zu kommen, um ein Leben potenzieller Leiden und schwerer Zeiten zu »durchwandern«. Aber für den Geist Gottes (wir, wenn wir nicht hier sind) ist es, wie es sein soll, und wir kommen in Liebe, um durch etwas zu gehen, das wiederum **uns allen** helfen wird. Um jedem Missverständnis vorzubeugen: Die Metaphysiker glauben, dass wir während unserer Erdenleben allein durch die uns innewohnende Macht als ein Teil Gottes alles manifestieren können (wieder Joh. 1, Vers 12). Hier nun kommen wir zurück zu unseren »Lektionen«, zu unserem Lernen. Alle Menschen auf der Erde können zu jeder Zeit aus der göttlichen Kraft »schöpfen«, wenn sie dazu bereit sind.

All dies führt zu Fragen über mögliche vergangene Leben, karmische Zusammenhänge, Vorbestimmung und alle anderen Themen, mit denen die Metaphysik in Verbindung gebracht wird. Diese Themen sind keine Doktrin. Sie sind wichtig für den einzelnen Menschen und in ihrer Bedeutung soweit erforderlich, stimmig und zutreffend, wie es der Einzelne für sich erkennt und annimmt.

Die daraus resultierenden Informationen dienen der einzelnen Person in ihrem individuellen Entwicklungsweg. So sind die meisten metaphysisch orientierten Menschen tatsächlich davon überzeugt, dass sie schon mehrere Male auf der Erde waren oder irgendwo anders im Universum und dass jedes einzelne Leben auf der Erde Lektionen beinhaltet, Unterweisungen, Unterrichtungen oder Prüfungen, verbunden mit der Absicht, eines Tages die gesamte Menschheit auf eine Stufe der Erleuchtung zu erheben, in das Bewusstsein Gottes, so wie es beschrieben ist im Buch der Offenbarung der Bibel, in dem wir über den Neuen Himmel und die Neue Erde lesen, wo wir am Ende der Erdenzeit die letzte »Hochzeit mit dem Lamm« halten werden. (Das Lamm bezieht sich hier auf Jesus Christus, den Gott in seinem Liebesopfer zur Erde sandte, um unter den Händen der Menschen zu leiden.) Diese Hochzeit ist für die Metaphysiker der Abschluss der Lektionen, das letzte Kapitel, und die Zeit, in der für die Erleuchteten noch ***während ihres Erdenlebens*** der Schleier gelüftet wird.

Und ja, sie werden Jesus wieder begegnen und alle werden sich gegenseitig erkennen. Andere, die noch nicht bereit sind, werden hinfortgenommen; das ist die Quelle der dunklen Teile der Offenbarung. Es heißt, dass es eine Schlacht geben wird, die gekämpft werden muss; aber sie ist nicht so, wie Sie sie erwarten. Viele werden sterben. Doch um es noch einmal zu wiederholen: Alles wird im Rahmen des Planes geschehen, den wir alle bereits kennen und dem wir alle zugestimmt haben. Die Metaphysiker glauben, dass uns auf der »zellulären Ebene« (mit anderen Worten »in unserem Herzen«) alles, was immer uns seit Anbeginn der Zeit je geschah, bekannt ist.

(2) Das metaphysische System umfasst alle Menschen und betrachtet sie als eine homogene Gruppe

in der **realen Zeit** (anstelle sie als einzelne Gruppen oder verlorene Seelen anzusehen, für die man beten muss oder zu denen Missionare gesandt werden müssen, etc.). Ein solcher Zeitbezug ermöglicht direkte Interaktion. Das bedeutet: Was in China gegenwärtig geschieht, steht in einer unmittelbaren Wechselbeziehung mit dem spirituellen Aspekt der gesamten heutigen Menschheit (einschließlich dem Hot-Dog-Verkäufer in New York oder dem Papst in Rom). Wenn die Zeit stimmt und genügend Menschen miteinander beten, können sich unglaubliche Dinge ereignen - wie z. B. die nahezu über Nacht gefallene Berliner Mauer oder dramatische Veränderungen in Russland oder Frieden in Südamerika oder im Mittleren Osten. Diese Ereignisse sind **universell gesteuert.** Sie basieren nicht auf einer Religion, aber sie reagieren auf universelle Mechanismen wie Gebet (Meditation) und Liebe, wie sie gegenwärtig durch viele Religionen praktiziert werden. Sie sind auch der Beweis dafür, dass wir unserem gemeinsamen Ziel einer vereinigten Erde immer näher kommen.

(3) Metaphysiker halten keinen Menschen oder keine Gruppe von Menschen für »falsch«. Die Metaphysik ist eine bestimmte Beziehung zu Gott und dem Universum, nicht ein Regelwerk zum Zweck der Erlösung. Sie ist sehr individuell. Eine Gruppenmitgliedschaft ist nicht erforderlich. In der konkurrenzbetonten Ersten Welt ist das ein schwer verständliches Konzept. Um es in einem Beispiel zu beschreiben: Stellen Sie sich vor, Sie besuchen eine Schule mit vielen verschiedenen Klassen und Ebe-

nen. Alle studieren in einer parallelen Art und Weise für das gleiche Diplom, doch einige belegen vielleicht besondere, anspruchsvolle Kurse. Manche Klassen sind vielleicht sehr beliebt und umkämpft. Aber alle schreiten voran zu dem einen gemeinsamen Ziel. Die Studenten wählen sich die Klasse oder den Kurs, der ihren gegenwärtigen Bedürfnissen entspricht oder sie mit Menschen ihrer Wellenlänge zusammen bringt. Der Abschluss wäre wunderbar, wobei alle zusammen kommen zu dem gemeinsamen Fest, um in Liebe und Harmonie das Vollbringen der Aufgabe zu feiern. Die »Klasse« der Metaphysiker ist dadurch gekennzeichnet, dass sie anderen helfen, das gemeinsame Ziel zu erreichen, anstatt darauf zu bestehen, dass ihre Klasse die Beste sei oder dass ihr Weg der einzig wahre Pfad sei. Mit anderen Worten, es ist eines der wenigen Systeme, das die Existenzberechtigung aller anderen Systeme und ihre Bedeutung für das Leben der Menschen hier auf Erden gleichermaßen anerkennt.

(4) Metaphysiker sind davon überzeugt, dass die Wirkungsweise von Gebet, Meditation und Liebe universell ist. Diese funktionieren unabhängig davon, **wer sie anwendet**. Deshalb können die meisten Glaubenssysteme der Erde sofortige positive Wirkungen ihrer Gebete verzeichnen, wie bemerkenswerte Heilungen und Erfolge. Viele Wunder geschehen täglich in der Dritten Welt (in der Ersten Welt unbekannt, weil darüber nicht berichtet wird), hervorgerufen allein durch das regelmäßige Praktizieren von Gebet und Meditation. Es leben auch heute heilige Menschen, die den anderen helfen, ihre

Kraft und Macht in sich selber zu erkennen, und aus ihren Zusammenkünften resultieren regelmäßig zahlreiche Heilungen.

(5) Aufgrund des zuvor in Absatz 3 und 4 Genannten ist die Metaphysik nicht missionarisch. Sie ist eins der wenigen Systeme auf der Erde, das nicht evangelisiert. Sind Sie bereit, dann werden Sie es versuchen, sind Sie nicht bereit, dann werden Sie es nicht versuchen. Selbstverständlich gibt es auch den Gedanken, dass die Menschen, die diese Sichtweise annehmen, erleuchteter sind als die anderen. Aber das ist eine menschliche Bewertung und erzählt uns *sehr viel über die Menschen, nicht über Gott.* Metaphysiker sind ebenfalls darum bemüht, ihre Botschaft zu verkünden, aber niemand soll bekehrt werden.

(6) Schließlich, und das ist der schmerzlichste Teil für die Christen, betrachten die Metaphysiker Jesus nicht mehr oder weniger als Gott als Sie oder mich. Sie verehren Ihn nicht als Gott und sie sind außerdem der Ansicht, dass Jesus diese Art von Verehrung nicht wünschte. **Sie glauben** allerdings, dass Jesus möglicherweise näher an Gott war oder an der puren Liebes-Energie als alle anderen Wesen im Universum und dass Sein Besuch eine enorme und entscheidende Bedeutung für die Menschheit hatte. Er besaß die allerhöchste Ebene der Erleuchtung, die es jemals gab. Er kam während einer Zeit, als es für die weitere Entwicklung der Zivilisation absolut erforderlich war... und Er kam in dem vollen Bewusstsein darüber, dass er am Ende seiner Zeit schmerzvoll leiden würde. Es war eine kollektive Entscheidung, Ihn

zur Erde zu senden, und es war eine schmerzhafte Entscheidung. Vollbrachte Er wirklich all die berichteten Wunder? Ja. Ist Er vom Tod zurückgekommen? Er hatte zweifellos die Kraft und Macht dazu. War Er der **Sohn** Gottes? Soweit wir die Bedeutung der Worte verstehen können, ja. (Wir können den Geist Gottes nicht verstehen, so wenig wie wir einem Ameisenbär die Funktionsweise eines Motors erklären könnten. Es gibt Dinge, die während unseres Aufenthaltes auf der Erde über unsere Fähigkeiten hinausgehen.) Wenn es Gottes Wunsch war, uns gefühlsmäßig die Bedeutsamkeit von Jesus für das Ganze erkennen zu lassen, so war der Verweis auf ein menschliches Kind das Naheliegendste. Für die Menschen gibt es nichts Spezielleres als ihren Nachwuchs. Jesus veranschaulichte die absolute Kraft und Liebe Gottes, die allen zur Verfügung steht. Es ist möglich, dass Er auch andere Welten besuchte. Denken Sie ganz einfach einmal über diese Möglichkeit nach; diese Annahme allein kann die Liebe und Bewunderung eines Menschen zu diesem außergewöhnlichen Wesen, das wir Jesus nennen, verstärken.

Warum war Er ein **Mann**? Da Er als Mensch entweder in dem einen oder in dem anderen Geschlecht zur Erde kommen musste, war es in dieser Zeit, vor 2000 Jahren und in dieser Kultur, leichter, als Mann zu erscheinen. Gott wusste, es wäre leichter für ihn, um zu lehren und von den Ältesten gehört zu werden... Auch die offensichtlich männlichen Verweise auf Gott und den Sohn Gottes und den Menschensohn waren Zugeständnisse der damaligen Autoren (möglicherweise ohne viel darüber nachzudenken) an das Konzept allgemein akzeptierter Macht und Autorität. Ist Gott **männlich**? Nein... Haben die Wolken Geschlechtsmerkmale oder Sexualorgane? Ist die Luft, die wir einatmen, männlich? Gott ist Geist, geschlechtslos und universell. Unsere Verbindung zu weiblich oder männlich ist nur relevant, solange wir auf der Erde sind. Aus diesen Gründen sprechen viele Metaphysiker von Gott als »Mutter-Vater-Gott« oder einfach »Spirit«. Heute leben wir in einer Zeit, in der Frauen und Männer sich endlich wahrhaft begegnen und wahrnehmen (vielleicht zum ersten Mal), dass sie eine gemeinsame Spiritualität teilen, in der kein Geschlecht dominiert. Desgleichen leben wir in einer Zeit, in der das Wissen auftaucht (aber nicht notwendigerweise aus der Ersten Welt), dass die Bindung von Paaren auf einer höchsten Ebene möglich ist: zuerst auf der spirituellen Ebene (der göttlichen Liebe), dann auf der Ebene der menschlichen Liebe und dann auf der Ebene der physischen Liebe.

Die Metaphysiker glauben auch, dass ein großer Teil der Bibel von Menschen zu menschlichen Zielen und Zwecken interpretiert und übersetzt wurde und dass Teile absichtlich weggelassen wurden (das wird eines Tages auf der Erde bewiesen, aber nicht unbedingt von den Christen akzeptiert). Metaphysiker glauben nicht an den Teufel im klassischen Sinne. Die Hölle und die ewige Verdammnis spielen keine traditionelle Rolle in ihrem Glauben. Sie weisen darauf hin, dass das Christentum im Laufe seiner Entwicklung bis hin zu der uns heute bekannten Form durch viele Zeiten ging, in denen es von mächtigen Regierungen kontrolliert, manipuliert und auch zu Kriegszwecken missbraucht wurde. Oftmals saßen die religiösen Führer auf den Stühlen der Macht und oftmals waren sie korrupt. Die Heiligen Schriften wurden in einer Art reduziert, veröffentlicht und übersetzt, die dazu beitrug, die Menschen zu kontrollieren. Diese Versionen werden auch heute noch gelesen und befolgt. Sie können keinen Metaphysiker allein mit biblischen Argumenten überzeugen. Die Metaphysiker glauben einfach nicht daran, dass die Bibel eine völlig korrekte Wiedergabe ist. Daher kann das, was heilig und zuverlässig für eine Person ist, nicht dazu benutzt werden, den Standpunkt eines anderen zu prüfen und zu bewerten. Das würde zu einem Spuckwettbewerb, den keiner gewinnt. Metaphysiker nutzen die Bibel als ein Zeugnis für viele grundsätzliche Wahrheiten, wie sie von Jesus gesagt wurden. Sie glauben außerdem, dass das Original der Heiligen Schrift gechannelt wurde..., das gesamte Original, nicht nur die Teile, die wir heute lesen.

Metaphysiker verlassen sich auf die **Meditation**. Meditation ist einfach ein Gebet - zuhörend anstatt sprechend - und nichts weiter. Meditation ist weder unheimlich noch merkwürdig oder fremd. Es ist nicht erforderlich, während einer Meditation im Lotus-Sitz zu sitzen oder merkwürdige Laute zu summen. Meditation ist die Haltung, in der Sie Kraft, intuitive Information und Richtung bekommen. Die Metaphysiker glauben auch zutiefst, dass das Gebet (sprechend, verehrend, Dialog führend) fundamental zur Hilfe für andere genutzt werden kann.

Sie glauben, dass Spirit (der Heilige Geist) die Stimme des kollektiven Gottes ist und dass er heute genauso machtvoll wirkt wie immer und gute Informationen liefert, so wie es seine Aufgabe ist. Der Geist ist immerwährend und stoppte nicht mit den Propheten vor 2000 Jahren. Die Dreieinigkeit (Vater, Sohn und Heiliger Geist) spiegelt das Konzept der gleichen Macht für alle, statt einer Dreiteilung.

Gott ist Liebe und Liebe ist die gewaltigste Macht im Universum.

Mehr und mehr wird die Liebe das Gesetz und die Gnade Gottes ersetzen, während wir uns dem Ende der Zeiten nähern. Die höheren Ebenen der Erleuchtung werden dies zulassen. Am Ende wird die reine Energie der Liebe sich durchsetzen und Jesus, ebenso wie alle anderen großen Meister der Geschichte, wird noch einmal gemeinsam mit den Menschen auf der Erde sein. Dies wird sehr spektakulär sein. Es signalisiert das Lüften des Schleiers auf der Erde in einer Zeit, in der die Menschen noch hier sind! Metaphysiker glauben, dass unsere Welt einfach eine von vielen ist, in der dies stattfindet. Und dass das Geschehen jedes Mal ein außergewöhnliches Ereignis ist. Alle Arten spiritueller Wesen im gesamten Universum werden dabei helfen und es wird von allen gefeiert (viele von ihnen kennen wir nicht, aber sie haben uns über den gesamten Zeitraum geholfen). ***Kein Mensch hat eine wirkliche Ahnung von der wahren Kraft und Macht der Liebes-Energie.***

Die Unsichtbaren

Es wurde so vieles aus diesen »unsichtbaren« Aspekten der Metaphysik gemacht, dass das zu einer Pseudo-Bedeutung für viele wurde. Was ist denn nun mit Geistern, Engeln, UFOs, Geistführern etc.? Mehr als zu wissen, *warum wir hier sind und was unser Auftrag hier auf der Erde ist,* ist **nicht erforderlich** (diese Fragen sollten uns unser Leben lang beschäftigt halten!). Die universellen Mechanismen und Funktionsweisen werden uns am Rande und in kleinen Dosierungen gegeben. Es genügt zu sagen, dass es **nicht wichtig ist**, alles zu verstehen. Wenn Ihr Auto Sie zu Ihrem Ziel bringt, ist es für Sie nicht erforderlich, alles über den Motor zu wissen. Einige von uns entscheiden sich jedoch, »Mechaniker« zu werden, und sie erhalten Erklärungen und weiterführende Lehren.

Für all diejenigen, die mehr wissen möchten, gibt es eine große Menge an Literatur zu diesem Thema. Aber **hier folgen einige Grundwahrheiten**: Es existieren viele, viele spirituelle Wesen (wie wir) in den verschiedensten Szenarien der Erde. Einige sind unabhängig und getrennt von uns auf der Erde und andere sind da, um uns direkt und unmittelbar in unserer Absicht zu unterstützen. Ja, es gibt auch andere Wesen in anderen Welten (ist das wirklich ein Schock für Sie?). Einige sind wie wir und durchleben ihre Lektionen auf ihrer Ebene (niedrigere oder höhere Ebenen als unsere eigenen). Andere sind völlig anders als wir, nicht so greifbar, wie wir es gewohnt sind, und sind seltsam anzusehen. Einige können unter bestimmten Bedingungen mit uns kommunizieren. Einige versuchen es, aber sollten es nicht. Einige besuchen uns und einige sollten es nicht.

Zu manchen Zeiten kreuzen sich unsere Wege mit denen anderer Wesen. Manchmal ist die »Schnittstellenbegegnung« Teil des großen Planes und manchmal stehen sie ohne Beziehung zu unseren Lektionen. Oftmals haben wir für eine gewisse Zeit das Gefühl, »beobachtet« zu werden, oder wir glauben, dass uns etwas mitgeteilt wurde. Diese Erlebnisse sind Episoden, die zu unserer Zeit hier auf der Erde gehören, sie sind sowohl außergewöhnlich als auch **völlig normal**. Zu manchen Zeiten mögen wir außergewöhnliche Dinge sehen oder hören, die für uns aufregend, alarmierend und Furcht einflößend sein können, weil sie für uns nicht zu begreifen sind (wie Geister zum Beispiel). Das ist jedoch gar nicht so außergewöhnlich und seltsam und es gibt viele, die den zugrunde liegenden Mechanismus verstehen können. Es ist normal, aber es ist für uns nicht erforderlich, es zu verstehen. Auch die Bibel spricht von außergewöhnlichen Wesen und Geistern. Es wäre nicht logisch, sie aus Unverständnis als unwahr abzutun.

Metaphysiker glauben weder an den Teufel noch an die Hölle. Sie sind davon überzeugt, dass diese Ideen und Konzepte im Laufe der Jahre aus metaphorischen biblischen Darstellungen entwickelt wurden, um die Menschen in politischer Absicht zu lenken und zu führen. Aber bitte verstehen Sie das nun nicht falsch, denn es gibt definitiv eine spirituelle dunkle Seite. Jesus kam zu uns, um auch darüber zu berichten, und die Botschaft war klar: **Halte dich fern davon!** Sie können ebenso leicht Negativität und Tragödien manifestieren, wie Sie Liebe und Heilung manifestieren können. Ihre Macht und Kraft als ein Teil Gottes ist uneingeschränkt..., denken Sie einmal darüber nach. Während der »Zeit des Gesetzes« auf der Erde **schuf** Gott sehr viel Leid und Tod. Nicht alles Manifestierte ist schön und liebevoll.

Das Austreiben böser Geister ist Realität. Es handelt sich hierbei um niedrige, unsichtbare Wesen, die einen negativen Raum betreten, wenn sie dazu eingeladen werden. Ein klassisches Einladungs-Syndrom ist beispielsweise eine tiefe Depression oder ein Rückzug. Es gibt Situationen, in denen die gemeinsame Anstrengung mehrerer notwendig ist, um solch ein Wesen von einem Menschen zu entfernen, denn der Betroffene ist meist nicht fähig, sich selber zu helfen. Häufig werden jedoch einfache geistige Krankheiten oder biologisch-chemische Unausgeglichenheiten als ein »Besessensein von bösen Wesen« bezeichnet. Es scheint spektakulärer zu sein, wenn man sagen kann, dass der Teufel den Menschen dazu brachte, irgendetwas zu tun. Das Hören von Stimmen zum Beispiel ist eher Zeichen einer biologisch-chemischen Störung als einer spirituellen Unausgeglichenheit. Durch eine abnormale Gehirnfunktion können leicht Gedankensignale erzeugt werden, die sich verselbstständigen und zum Hörzentrum des betroffenen Menschen zurückkehren, sodass er tatsächlich Stimmen oder Geräusche »hört«, produziert von unwillkürlichen Gedanken. (Das entspricht dem Versagen der Dioden in einem elektrischen Schaltkreis, die normalerweise den Stromfluss in gleichbleibender Richtung halten.) Auch wenn es alarmierend, manchmal Furcht einflößend und oftmals tragisch sein kann, ist es nicht das Werk des Teufels oder anderer Geister.

Es ist unsere Aufgabe hier auf der Erde, Negatives in Positives zu verwandeln, sowohl in unserem eigenen Leben - mit Hilfe von Jesu Lehren - wie auch für den gesamten Planeten. ***Das Königliche ist die Liebe*** und die Liebe ist unermesslich stärker; aber die Abwesenheit von Liebe ist Sünde. Das unglaubliche Schwarz dieses Zustandes ist der Hass, die Eifersucht, Selbstsucht, Neid und Gier, Machthunger und die Gleichgültigkeit.

Jesus kam auf die Erde, um uns die Lehren zu bringen, mit deren Hilfe es uns möglich wird, uns selber aus diesen Bedingungen zu erheben. Lernend können wir begreifen, wer wir wirklich sind und wie wir Zugang zu unserer Macht finden, um den Planeten zu heilen. Uns wurde aufgetragen, das Wort zu verkünden, die Wahrheit klar auszusprechen, sodass jeder sie hören kann (Metaphysiker glauben nicht, dass wir gehalten sind, jemanden zu überzeugen). ***Die Wahrheit wird uns frei machen.*** Nicht jeder ist jedoch bereit dazu und es sollte keiner gewaltsam dazu gezwungen werden. Darum werden Metaphysiker Sie über das System informieren und Sie anschließend in Ruhe lassen. Einige werden gehen und die Metaphysiker für verrückt halten und andere werden erleuchtet.

Worte über die Lehren Jesu

Die Worte, die Jesus lehrte, sind heilig. Die Übersetzungen sind es nicht (unabhängig von dem, was Ihnen erzählt wurde). Es werden neue Übersetzungen kommen (so wie die hier nachfolgenden). Seien Sie offen, diese neuen Interpretationen zu verstehen und zu begreifen, sie sind wichtig. Im Folgenden finden Sie einige der wichtigsten Verse aus der Bibel, geschrieben von Jesu Anhängern oder Jesus selbst zugeschrieben. Sie werden hier durch den Heiligen Geist mit Hilfe von Kryon interpretiert:

Joh. Kap. 3, Vers 16 - geschrieben von Johannes:
»Denn also hat Gott die Welt geliebt, dass er seinen eingeborenen Sohn gab, damit alle, die an ihn glauben, nicht verloren werden, sondern das Ewige Leben haben.«

Metaphysische Sichtweise:
Denn also hat Gott die Menschen der Erde geliebt, dass entschieden wurde, das einzige qualifizierte spirituelle Wesen im Universum, Gottes höchstes Wesen, zur Erde zu senden, geboren aus dem Geist, um als Mensch unter den Menschen zu wandeln, damit jeder, der Ihm zuhörte und Ihm Glauben schenkte, nicht länger von der negativen Lebensweise auf der Erde beeinflusst wurde und ohne Erleuchtung starb, sondern vielmehr die Erkenntnisse gewinnen konnte, die zur Erleuchtung und zum Ewigen Leben führen.

Joh. 1, Vers 11 und 12:
»Er kam in sein Eigentum; und die Seinen nahmen ihn nicht auf. Wie viele ihn aber aufnahmen, denen gab er Macht, Gottes Kinder zu werden, denen, die an seinen Namen glaubten.«

Metaphysische Sichtweise:
Er kam zur Erde und sah aus wie alle anderen Menschen und sie erkannten Ihn nicht und sie glaubten Ihm nicht. Aber alle, die Ihn erkannten und die Ihm glaubten und die in dem Bewusstsein des Glaubens lebten und handelten, die erhielten grenzenlose Kenntnisse und die Macht, genau so zu werden wie Er - geboren als ein Kind Gottes.

Joh. 1, Vers 14:
»Und das Wort ward Fleisch und wohnte unter uns und wir sahen seine Herrlichkeit als des eingeborenen Sohnes vom Vater, voller Gnade und Wahrheit.«

Metaphysische Sichtweise:
Und die ewige Wahrheit des Universums wurde als ein Mann in menschlicher Gestalt gesandt zu den Menschen, die auf der Erde wohnten. Und wir sahen Ihn und wussten, Er spricht die Wahrheit, und wir sahen die Herrlichkeit Seiner Liebe, gegenwärtig in der höchsten Form des Universums: der Auserwählte von Gott, voll der Liebe und Wahrheit.

Römer 3, Vers 23 - geschrieben von Paulus:
»Sie sind allesamt Sünder und ermangeln des Ruhmes, den sie bei Gott haben sollten, und werden

ohne Verdienst gerecht aus seiner Gnade durch die Erlösung, die durch Christus Jesus geschehen ist.«

Metaphysische Sichtweise:
Die Menschen haben in ihrer Negativität und Ignoranz nicht die Erkenntnis, Liebe und Erleuchtung erlangen können, die schon immer da waren. Durch die Liebe und Wahrheit, die Jesus, der Auserwählte, zur Erde brachte, kann sich dies nun ändern.

Römer 6, Vers 23 - geschrieben von Paulus:
»Denn der Sünde Sold ist der Tod; die Gabe Gottes aber ist das ewige Leben in Christus Jesus, unserem Herrn.«

Metaphysische Sichtweise:
Das Resultat einer Verhaftung in Negativität und Dunkelheit ist ein Sterben ohne Erleuchtung; aber das Geschenk Gottes durch Jesus ist Licht, Kraft und das Ewige Leben durch seine Liebe und Lehren.

Römer 10, Vers 9 - geschrieben von Paulus:
»Denn wenn du mit deinem Munde bekennst, dass Jesus der Herr ist, und in deinem Herzen glaubst, dass ihn Gott von den Toten auferweckt hat, so wirst du gerettet.«

Metaphysische Sichtweise:
Wenn Sie offen die universellen Lehren und die Liebe von Jesus anerkennen, aussprechen und überzeugt davon sind, dass er die Macht zur Überwindung des Todes und die Kraft zur Auferstehung hatte, werden

Sie die Erleuchtung, das Verständnis und die Kraft und Macht bekommen, das Gleiche zu tun.

Joh. 14, Vers 5–7:
»Spricht zu ihm Thomas: Herr, wir wissen nicht, wo du hingehst; wie können wir den Weg wissen? Jesus spricht zu ihm: Ich bin der Weg und die Wahrheit und das Leben; niemand kommt zum Vater denn durch mich. Wenn ihr mich erkannt habt, so werdet ihr auch meinen Vater erkennen. Und von nun an kennt ihr Ihn und habt Ihn gesehen.«

Metaphysische Sichtweise:
Thomas sagte zu Jesus: »Meister, wir wissen nicht, wohin du gehst, wie können wir dann wissen, wie wir vorgehen sollen?«

Jesus sagte zu Thomas: »Ich habe euch den Weg gezeigt, indem ich euch die Wahrheit brachte und mit meinem Leben ein Beispiel gab. Niemand kann ohne meine Lehren zu Gott finden, denn ich bin Eins mit Gott. Wenn ihr mich erkannt habt, dann habt ihr Gott in mir erkannt; und von da an könnt ihr sagen, dass ihr Gott gesehen habt und Ihn kennt.«

Zusammenfassung

Der metaphysische Glaube wird oft als eine Bewegung des **New Age** beschrieben. Das damit verbundene Umfeld beinhaltet unter anderem Kristalle, Energiemessungen, UFOs, Astrologie und andere anscheinend unbewiesene, nicht greifbare Dinge. Viele Menschen fühlen sich von allem Ungewöhnlichen angezogen und sind sehr hungrig nach alternativen Antworten, anderen als denen, die von der Kirche angeboten werden. In einer Bewegung, in der es keine zentrale Kontrolle gibt, gibt es natürlich auch viele Mitläufer, automatisch folgende Anhänger, die sich angezogen fühlen, so wie die Motten das Licht umschwärmen. Die Metaphysik zieht sowohl die »Versponnenen« als auch die gezielt nach Erleuchtung strebenden Menschen an. All diejenigen, die sich entscheiden, dieses System zu erkunden, haben die Tatsache zu begreifen, dass sie die Kraft entwickeln müssen, die Wahrheit von der Fantasie zu unterscheiden und auch die wahren Gläubigen von den kommerziellen Ausbeutern oder von jenen, die verwirrt oder in einem Ungleichgewicht sind. (Unausgeglichene Menschen fühlen sich auch zum christlichen Glauben hingezogen. Fragen Sie nur mal einen christlichen Priester.) Lassen Sie sich von den Lehren Jesu leiten und führen: Betrachten Sie den Menschen und achten Sie auf die Liebe und den wachen, reifen Geist, die vorhanden sein müssen. Das Seltsame wird mit der Zeit weniger seltsam, wenn die Menschen allmählich in das System hineinwachsen und die Metaphysik verstehen lernen. Unerklärbare Phänomene sind nicht unbedingt alle vorgetäuscht oder unheimlich, nur weil wir sie nicht begreifen. Ein Taschenrechner, den man vor 200 Jahren zu einem geschäftlichen Treffen mitgebracht hätte, wäre als unerklärbar und unheimlich bezeichnet worden (und der Besitzer wäre zu jener Zeit vielleicht einzig wegen seines Besitzes verbrannt worden). Doch ein Taschenrechner ist ganz offensichtlich nicht böse oder falsch, sondern wurde damals ganz einfach noch nicht verstanden und war vor der Zeit. Viele metaphysische »Seltsamkeiten« fallen ebenfalls unter die Kategorie »noch nicht verstanden, aber es funktioniert«.

In den frühen Tagen der menschlichen Zivilisation nannten wir unsere Beziehungen zum Universum (Gott) die Ausübung des »Gesetzes«. Genau wie es strenge Eltern tun, setzte Gott die Regeln und bestrafte diejenigen, die sich schlecht benahmen. Wenn ein Mensch die Bundeslade berührte, starb er; genauso wie Gott sagte, dass es jedem geschehen würde, der in Berührung mit dem Mittelpunkt der Macht kam. Ursache und Wirkung, Verbrechen und Strafe. Diese Gesetzmäßigkeit entsprach dem, wie das Universum in der alten Zeit mit der Bewusstseinsebene umging. Die Erde war zu der Zeit eine sich entwickelnde spirituelle Gruppe im Kindesalter. Diejenigen, die spirituell besonders entwickelt waren, wurden hinweggenommen: Elia zum Beispiel, von dem berichtet wird, dass er »hinweggenommen« wurde, ohne sterben zu müssen. Das Gespräch mit Gott von Angesicht zu Angesicht schien sehr häufig und normal zu sein, aber die Furcht vor Gott war groß.

Vor 2000 Jahren betraten wir das Zeitalter der Gnade. Das bezieht sich auf die Gnade Gottes, uns Jesus zu senden, um uns die Wahrheit zu bringen, wie die Wirklichkeit »funktioniert«. Die Welt schien bereit zu sein für das Wissen, wie man die spirituelle Kraft und Macht nutzt. Es war eine Höherentwicklung der Menschheit und eine höhere spirituelle Ebene wurde gezeigt. Es war tatsächlich das Zeitalter der Verantwortung, denn das Wissen zu haben bedeutet, in der Verantwortung für seinen Gebrauch zu stehen. Damals war dieser neue Glaube das Neue Zeitalter, das New Age, und Jesu Lehren trafen auf die typische Verachtung und Ungläubigkeit von negativ orientierten Machthabern (so wie bei jeder Aufwärtsbewegung durch die Erweiterung des spirituellen Bewusstseins).

Wir stehen nun am Beginn des Zeitalters der Liebe. Wieder wird es das New Age, das Neue Zeitalter, genannt. Es ist die letzte Arena und all der Tumult, den wir haben werden, entsteht aus dem Zusammenstoß zwischen denen, die es wahrnehmen und fühlen, und denen, die es nicht wahrnehmen und fühlen. So werden auf natürliche Weise all diejenigen entfernt, die den Abschluss nicht erreichen können. Dafür müssen wir verstanden und gelernt haben, was Jesus uns lehrte, und dabei wird denjenigen eine gewaltige Kraft verliehen, die verstehen und verantwortungsbewusst mit dem Gebrauch der reinen Liebesenergie umgehen.

»Wiedergeborene« Christen haben für die Energie des Neuen Zeitalters sehr gute Voraussetzungen, da ihr gesamter Glaube auf Liebe basiert. Aber aufgrund ihrer Doktrin fühlen sie sich möglicherweise während der nun folgenden Ereignisse sehr unwohl. Verursacht durch die falsche und kontrollierende Interpretation der Offenbarung, wie sie von der Kirche über hunderte von Jahren dargestellt wurde, glauben sie vielleicht, dass der Anti-Christ sich in Form vieler Führer des neuen Zeitalters präsentiert. Es würde diesen Christen gut tun, sich zu entspannen und Gott den Weg leiten zu lassen und keine Entscheidungen einzig aufgrund der vorgegebenen Doktrin zu treffen. Es ist an der Zeit, ***individuelle Verantwortung für den eigenen Glauben zu übernehmen*** und ein feines Gefühl und Wahrnehmungsvermögen für die tatsächlichen Geschehnisse zu entwickeln - und nicht auf das zu hören, was gesagt wird, was geschehen könnte...! Wenn die Menschen exakt und genauestens über das Zeiten-Ende informiert sein sollten, hätte Gott nicht entschieden, die Schriften über die Endzeit unklar, rätselhaft und geheimnisvoll zu gestalten. Es liegt an jedem einzelnen Menschen, Verantwortung für seine spirituelle Wahrnehmung zu übernehmen und nicht die Interpretation von irgendjemand anderem. **Glauben Sie niemandem**, der behauptet, die einzig gültige Interpretation der Schriften bezüglich der Endzeit zu besitzen, denn diese Interpretation wurde bis heute noch nicht gegeben. Wir wurden ermahnt, nichts zu den Schriften des ursprünglichen Buches der Offenbarung hinzuzufügen, damit die Schriften unklar bleiben!

Die Energie der Liebe wird sich mehr und mehr intensivieren. Das wird für manche Menschen sehr angenehm und wohltuend sein, andere werden jedoch nicht dazu imstande sein, die erforderliche Anpassung zu vollziehen. Die Erde wird physisch auf die neue Energie reagieren und die Polarität der Erde wird sich ändern, um sich dem neuen Bewusstsein anzupassen. (Die polare Veränderung wurde mit der Öffnung des 6. Siegels im Buch der Offenbarung in Verbindung gebracht ... Aber das ist nur menschliche Spekulation ... oder etwa nicht?)

Wer immer diesen Text liest,
wisse dieses als Wahrheit:
Angst und Furcht müssen keinen Anteil
an dem haben, was kommen wird,
und was auf uns zukommt,
sollte nicht gefürchtet werden.

Liebe ist die neue große Kraft und Macht;
die Liebe wird uns in diesem neuen Zeitalter dienen
und beschützen.

Jesus war der Träger der Liebesenergie
in dieser Welt und so ist es kein Wunder,
dass wir Ihn immerwährend so sehr lieben.

Gott segne euch!

Kryon

KAPITEL 7

Zusammenfassung von Lee Carroll

Ich kann diese ersten Schriften von Kryon nicht abschließen, ohne einige sehr biologische (menschliche) Gedanken und Beobachtungen mit Ihnen zu teilen. Als Erstes, wenn Sie so weit gekommen sind (und bis hierher wirklich alles gelesen haben), ist Ihnen zu Ihrer Ausdauer zu gratulieren! Wie bereits erwähnt, hat diese Schrift nicht immer die beste Sprachform und manchmal ist sie, wenn Sie nicht wirklich tief in dieser Arbeit engagiert sind, richtiggehend kryptisch.

Ich als das Medium fand mich jedoch in der Situation, alles zu verstehen und es denjenigen um mich herum, die interessiert waren und Fragen hatten, genauer zu erklären. Daraus entstanden einige private Beratungssitzungen und nachfolgend auch Gruppensitzungen. Hier folgt, was ich den Informationen bei diesen Sitzungen entnahm, sowie meine eigenen Erfahrungen bei der Anwendung der Informationen von Kryon. Wenn Sie die Kryon-Schriften in Ihrem Leben anwenden möchten, dann empfehle ich Ihnen, dieses letzte Kapitel zu lesen. Ich glaube, dass es wichtig für Sie sein könnte, denn es enthält meinen Rat für Menschen vom menschlichen Standpunkt aus anstelle von Kryons.

Um das neutrale Implantat bitten

Möchten Sie um den Geistführer-Wechsel und um das neutrale Implantat bitten? Ich habe inzwischen aus erster Hand gesehen, wie es bestenfalls... und wie es schlimmstenfalls verläuft. Der beste Fall geschieht so, dass jemand, aus welchen Gründen auch immer, den Wechsel der Geistführer quasi »über Nacht« erlebt. Aus Befragungen solcher Menschen ergab sich, dass offenbar entweder 1. der Wandel sich über lange Zeit langsam vorbereitet und es einen schwierigen inneren Kampf bis zu dem Punkt gegeben hatte, an dem der Betreffende wirklich bereit für die Information und für das neue Implantat war; oder 2. es zur Zeit der Bitte eine sehr starke traumatische Erfahrung gab (wie beispielsweise ein Todesfall oder ein lebensbedrohendes Ereignis). Dies schien sich offenbar irgendwie beschleunigend auf den Vorgang auszuwirken. All das zeigte mir, dass Kryon unsere Wahrnehmung und unser Befinden während dieser Zeit des Übergangs für den schwierigsten Fall geschildert hatte, damit wir nicht überrascht sind, falls wir es so erleben sollten. Es zeigte mir auch, dass der zeitliche Ablauf der Ereignisse nicht so unmittelbar ist, wie es vielleicht klingen mag. Das heißt, es könnte so sein, aber es ist ebenso möglich, dass es etwas ist, was schon lange Zeit in der betreffenden Person »in Arbeit« war, schon lange bevor sie die Kryon-Schriften gelesen hatte.

Im schlimmsten Fall war ich tatsächlich mit einem Menschen zusammen, der alle klassischen Symptome hatte, wie sie in den Botschaften beschrieben werden: Er war bereit, die Erde zu verlassen, und hatte nichts mehr, wofür es sich für ihn zu leben lohnte... Es war keine Depression wie wegen eines verloren gegangenen Vermögens oder einer verlorenen Liebe, sondern wirklich ein Gefühl von Abschluss, ohne die Aussicht, dass noch irgendetwas kommen könnte. Er hatte abgeschlossen mit seiner Familie, seinen Freunden, seinem Beruf und seinen Hobbys. Nichts interessierte ihn mehr. Er war ein wirklich »neutralisierter« Mensch. Dann geschah etwas Unerwartetes und nicht (von Kryon) Beschriebenes: Dieser Mensch wurde plötzlich hypersensibel für den Zustand der Erde. Das heißt, alles Unrecht von Mensch zu Mensch sowie vom Menschen zur Erde wurde ihm auf überwältigende Weise klar – und vergrößerte sein Elend. Es war geradeso, als wäre er in der Lage, die menschliche Rasse so wahrzunehmen, wie Gott sie sehen könnte, aber ohne jeglichen Trost durch die göttliche Liebe und Toleranz, um diese Erfahrung erträglich zu machen. Das vertiefte das dunkle Loch, in dem er sich befand, noch mehr. Das Einzige, was ich tun konnte, war, ihn zu lieben. Er musste selbst durch den Übergang kommen. Aber nach dieser Erfahrung war ich ernüchtert durch das Ausmaß dessen, was ich gesehen hatte. Ich erkannte, dass ich einen Einblick bekommen hatte in das, worüber ich durch Kryon gerade erst geschrieben hatte, und ich war wieder einmal erstaunt darüber, wie vollkommen stimmig der Zeitpunkt war. Glücklicherweise kam auch dieser Mensch durch seine Phase und ging gestärkt daraus hervor.

Mir begegnete auch eine Frau, die gerade ihre neuen Geistführer erhalten hatte, und sie konnte sich buchstäblich kaum halten. Sie war voller Energie und Erleuchtung durch die neue Kraft der Liebe. Ihre Erfahrung veranlasste mich, Ihnen heute Empfehlungen zu geben, wie Sie mit Ihren Geistführern (Schutzengeln) kommunizieren können.

Die Kommunikation mit dem Universum

Wenn ich kurz und knapp formulieren sollte, wie die andere Seite mit uns arbeitet, würde ich als Hauptfaktor nennen: Sie arbeitet ganz direkt und buchstabengetreu. Viele Menschen denken noch immer, dass das Universum wie eine Art spiritueller Weihnachtsmann sei, der weiß, wann wir schlafen oder wann wir wach sind, wann wir brav oder böse sind... und wir brauchen nur herumzustehen und uns wird alles aus dem Himmel zufallen. Nun, da ist tatsächlich auch etwas Wahres daran. Wenn Sie Ihrem Weg folgen, werden die »Fenster der Gelegenheiten«, durch die Sie gehen können, tatsächlich auftauchen. Doch dabei gibt es noch sehr viel mehr zu beachten.

Sie sollten wissen: Wenn das Universum Sie durch den Wechsel der Geistführer hindurchbringt und Sie erfolgreich Negatives in Positives verwandeln, wird das Universum Sie als jemanden sehen, der seiner Aufgabe folgt und seinen Vertrag erfüllt. Wenn Sie dabei zufällig am Verhungern sind, ist sich das Universum dessen nicht bewusst! Wie kann das sein? (...könnten Sie fragen.) Erinnern Sie sich daran, dass Sie ein biologisch-physisches Wesen sind und sich in einem kleinen, speziell für Menschen gemachten Goldfischglas befinden. Das Universum muss **darüber informiert werden**, was Sie brauchen, und das geschieht durch die Kommunikation mit Ihren Geistführern. So seltsam das klingen mag, alles Nicht-Spirituelle muss erbeten werden. Das Universum weiß sehr wohl, was Ihre nächste karmische Lektion sein wird oder was Sie durchleben werden oder welche Gelegenheit Ihnen entgegenkommen wird. Aber über das, was Sie für Ihre Existenz im menschlichen Goldfischglas benötigen, muss es informiert werden. Als Erstes brauchen Sie Nahrung! Die bekommen Sie, indem Sie für Geld arbeiten (Geld ist kein spirituelles Konzept). Bitten Sie nicht um spezielle Situationen; erzählen Sie stattdessen Ihren Geistführern, wie es da, wo Sie sind, im Allgemeinen funktioniert. Kryon hat uns sehr klar daran erinnert, dass unsere Geistführer (oder vielleicht nennen Sie sie Schutzengel) unsere wichtigste Verbindung zur anderen Seite des Schleiers sind. Lassen Sie sie wissen, dass Sie Arbeit brauchen oder einen bestimmten Geldbetrag oder einen Platz, wo Sie weniger arbeiten und mehr verdienen können usw. Seien Sie nicht zu detailliert bezüglich des »Wie«, sonst begrenzen Sie das Ergebnis, da es ja buchstabengetreu eintreten wird. Lassen Sie Ihre Geistführer wissen, was Sie brauchen, aber sagen Sie nicht, wie das für Sie bewerkstelligt werden soll.

Die Geistführer bedürfen des tatsächlichen Gesprächs, deshalb sollten Sie alle diese Dinge laut aussprechen. Hören Sie sich selbst zu, wenn Sie die Worte sprechen (damit sie richtig klingen); und dann lehnen Sie sich zurück und warten ab! Sie werden absolut das bekommen, worum Sie gebeten haben. Ich habe das wieder und wieder erlebt. Wenn ich nicht kommuniziere, geschieht höchstens etwas am Rande. Wenn ich aber kommuniziere, ereignen sich plötzlich alle möglichen Dinge, und zwar manchmal auf eine Art und Weise, wie ich sie selber am wenigsten erwartet hätte. Setzen Sie die Kommunikation beständig fort (fast wie tägliche Gebete), aber vergessen Sie nicht, sich auch Zeit für stilles Zuhören zu nehmen.

Ich empfehle allen, die ihre neuen Geistführer erhalten, gleich mit dem Gespräch zu beginnen. Erstens: Wenn Sie das nicht tun, werden Ihre Geistführer die Zusammenarbeit mit Ihnen aufnehmen und unter Umständen so schnell vorgehen, dass Sie sich als Folge davon gänzlich ungeerdet fühlen, so als würden Sie gleich durchbrennen. Sie müssen ihnen mitteilen, wie schnell sie ihre Arbeit an Ihren neuen Implantaten verrichten können, andernfalls geschieht es in »Überschallgeschwindigkeit« und Sie können nicht mehr richtig funktionieren! Einmal sprach ich mit einer Frau, unmittelbar nachdem sie die neuen Geistführer erhalten hatte. Sie hatte einen solch starken Druck im Kopf, als würde sie einen Helm tragen! Zudem empfing sie die Energie so intensiv, dass sie gelegentlich aufstehen und den Raum verlassen musste, wenn andere Menschen in ihrer Nähe waren, weil deren Energie mit ihrem (Energie-)Fluss regelrecht zusammenprallte und ihr das dann Beschwerden verursachte. Nichts von alldem ist notwendig, wenn Sie einfach Ihre Geistführer über Ihre Bedürfnisse informieren.

Ergänzend zu meinem Rat kann ich sagen, dass es ein sehr lohnendes Erlebnis ist, mit jemandem zusammenzusein, der gerade diese Erfahrung macht. Sie können gar nicht anders, als sich dadurch gestärkt zu fühlen ... denn es ist erhebend, auf solch frische, neue Erleuchtung zu treffen. Mir gibt es eine Ahnung davon, wie es sein mag, gemeinschaftliche Zusammenkünfte solcher Menschen zu erleben. Negativität hätte keine Chance.

Auch die Menschen, die mit der beschriebenen neuen Erfahrung nichts zu tun haben wollen, können in jedem Fall viel Gewinn aus den Informationen über diese grundlegend neue, universelle Energie ziehen: Kryon stellt ganz klar, dass diese Energie uns neue Fähigkeiten gibt. Diese neuen Fähigkeiten sind genau genommen eine Intensivierung der Selbsterkenntnis und des Selbstbewusstseins. Das heißt, wir können jetzt viel stärker mit dem Teil unseres Selbst interagieren, von dem Kryon sagt, er sei der kraft- und machtvolle »Teil Gottes« in uns. Dieser Teil kann von uns Menschen einzig und allein durch die Verbindung mit unseren Geistführern genutzt werden.

Eine Sperre verhindert, dass wir ihn selbst nutzen können (daher das Angebot des neutralen Implantates), doch durch die regelmäßige Kommunikation mit unseren Geistführern können wir sehr viel stärker werden, um anderen Menschen und uns selber zu helfen.

Die richtige Kommunikation mit den Geistführern ist ein Thema, welches eigentlich ein eigenes Buch füllen könnte, denn sie entspricht offenbar nicht dem intuitiven menschlichen Verhalten. Das einfachste, schnellste Rezept? Fragen Sie Ihre Geistführer nach der besten Vorgehensweise! Fangen Sie ruhig unbeholfen an, wenn es sein muss, und sprechen Sie laut aus, dass Sie Hilfe benötigen, um die beste Art der Kommunikation herauszufinden. Beginnen Sie damit, direkt zu erklären, was Sie brauchen, sowohl spirituell als auch physisch. Erinnern Sie sich daran, dass die Geistführer hier sind, um die Dinge für Sie ins Laufen zu bringen. Ihre wahre Absicht liegt darin, Ihnen dabei zu helfen, die Kommunikation fruchtbar werden zu lassen, sodass Sie besser durch Ihre karmischen Interaktionen kommen. Machen Sie Gebrauch von dieser verbesserten Verbindungsmöglichkeit!

Das Allerwichtigste bei der Kommunikation mit Ihren Geistführern ist LIEBE. Ohne Liebe werden Sie einfach nicht in der Lage sein zu kommunizieren. Lieben Sie Ihre Schutzengel, Ihre Geistführer so, wie Sie Gott lieben. Lieben Sie sie so, wie sie den geliebtesten Menschen, das geliebteste Haustier oder das geliebteste Wesen auf der Erde lieben. Stellen Sie sich vor, dass Sie einander in den Armen liegen, wobei jeder jeden umarmt... Dann beginnen Sie mit der Kommunikation. Sie wünschen sich Ergebnisse? So werden Sie sie bekommen.

Imprints und Implantate

Verwirren Sie diese beiden Begriffe und deren Bedeutung? Wenn ja, dann sind Sie damit nicht alleine. Viele Menschen baten mich bereits, es zu erklären. Auch wenn Kryon zu diesen beiden sehr wichtigen Konzepten in diesem Buch immer wieder gute Erklärungen gibt, glaube ich, mit den folgenden Worten und einem unterstützenden Schaubild ein klareres Bild entwerfen zu können.

Ihr **Imprint** ist der spirituelle »Fingerabdruck«, mit dem Sie geboren wurden. Er ist auf der Zellebene ausgebildet und in Wechselwirkung mit Ihrer DNS sowie Ihrer gesamten Physiologie. Er ist unveränderbar. Beispiele für Ihr Imprint sind: karmische Erfahrungen (die Sie für sich selbst wählten), astrologische Geburtseinflüsse (Ihr magnetisch ausbalanciertes Tierkreiszeichen), Ihr Sternenkarma, Ihre Lebensaufgabe und die Farbe Ihrer Aura. All dies sind sehr wichtige Merkmale, die sich auf Ihre Persönlichkeit auswirken, auf Ego, Körpertyp, emotionale Befindlichkeit, Immunität gegenüber Krankheiten und die Lebenslinie.

Obwohl dieses **Imprint** in keinem Fall verändert werden kann, kann es doch durch ein ebenso kraftvolles spirituelles Instrument **beeinflusst** oder **neutralisiert** werden. Ist das schwer zu verstehen?

Stellen Sie sich zum Beispiel Folgendes vor: Der Wasserdruck *(Ihr Imprint)* in Ihrem Gartenschlauch ist immer da. Daran können Sie nichts ändern. Dieser Druck kommt aus einer sehr starken Quelle und ist immerwährend vorhanden. Sie können ihn allerdings kontrollieren oder, indem Sie einen Wasserhahn einbauen, sogar vollständig aufheben. Sie haben dann etwas ***hinzugefügt***, um mit Hilfe dessen etwas zu ***neutralisieren***.

Ihr **Implantat** ist wie der Wasserhahn. Es »drosselt« sozusagen Ihr Imprint... Denken Sie sich Ihre Implantate als Begrenzungsvorrichtungen oder variable Steuermechanismen für Ihr Imprint. Im Gegensatz zum Imprint verändern sich die Implantate ständig und mit Hilfe dieser klugen Methode des Universums können Ihre Geistführer Zugang zu Ihrem »spirituellen Antriebsmotor« bekommen. Von Geburt an verfügen Sie über ein ganzes Set von Implantaten, die bestimmte Aspekte Ihrer Ausstattung einschränken oder begrenzen. Ein typisches menschliches Implantat (wie von Kryon erklärt) ist die Restriktion unseres Intellekts und unserer Intelligenz, sodass wir eine eingeschränkte, zweidimensionale Perspektive der Zeit haben und damit einhergehend die Tendenz, auch über das Universum »zweidimensional« zu denken. Mit zunehmender Erleuchtung wird dieses Implantat verändert oder sogar ersetzt, damit wir klarer »sehen« können.

Beispiele für Implantat-Auswirkungen sind: spirituelles Gleichgewicht (wie eingeschränkt/begrenzt ist Ihre Erleuchtung?), Intelligenz (wie erwähnt), Toleranz und Temperament, Weisheit, Talente und innerer Frieden. Das Imprint, mit dem Sie geboren wurden, macht Sie vielleicht zu einem hitzköpfigen, schwergewichtigen, kranken Menschen, aber indem Sie Ihr Karma erfüllen, können die Implantate die Ausgangssituation um 180 Grad verändern. Dabei gilt es immer an die grundsätzlichen Voraussetzungen zu denken: Sie wählten Ihr Imprint vor Ihrer Ankunft hier; Sie wählten es in Weisheit und Liebe als der Teil Gottes, der Sie sind, wenn Sie nicht »in Schulung« sind.

Der größte Nutzen der Implantate seitens des Universums liegt darin, uns durch unseren karmischen Weg zu helfen. Sind Sie erfolgreich durch einen Lebensabschnitt gegangen und die karmische Lern-Aufgabe wurde befriedigend vollbracht, dann werden Sie mit einem Implantat »belohnt«, das den Teil des angeborenen Imprints, der die ursprüngliche Lektion bewirkte, **neutralisiert**.

Wenn wir bei dem zuvor beschriebenen Bild des Gartenschlauchs bleiben, ist es so, als würden bestimmte Hähne zugedreht, wenn der Rasen in den entsprechenden Bereichen genug gewässert ist. Der Wasserdruck ist nach wie vor da, aber das Wasser wird in diesem Bereich nicht mehr benötigt und somit wird es abgestellt.

Das neue Privileg, das Kryon uns vorstellt, ist unsere Möglichkeit, jetzt um das **neutrale Implantat** zu bitten. In der neuen Energie bietet uns das Universum jetzt besondere Meister-Geistführer an, die kommen und Ihnen den »extra-super neutralisierenden« Implantat-Satz bringen, mit dem die Merkmale des Imprints nahezu ausgelöscht werden. Sie können jetzt alle Ihre angeborenen Merkmale als erledigt betrachten, können Ihre karmischen Lektionen wegwerfen, mehr Erleuchtung erlangen (und damit mehr Weisheit, Toleranz und Frieden), ausgeglichen und gesund werden und sich auf Ihre Mitarbeit bei der Heilung des Planeten vorbereiten. Wie dieses Angebot funktioniert, das ist die Botschaft des vorliegenden Buches, übermittelt durch die liebevollen Schriften des Meisters Kryon.

> Das neue Privileg, das Kryon uns vorstellt, ist unsere Möglichkeit, jetzt um das neutrale Implantat zu bitten.

In all das verwoben ist die Tatsache, dass Sie, wenn Sie das neutrale Implantat annehmen, bei der Transmutation von Negativ zu Positiv dem Planeten in einer Art und Weise helfen können, die noch vor kurzem unmöglich war.

Auf der folgenden Seite sehen Sie eine schematische Darstellung zur näheren Veranschaulichung des Unterschiedes zwischen Imprints und Implantaten:

Imprints & Implantate

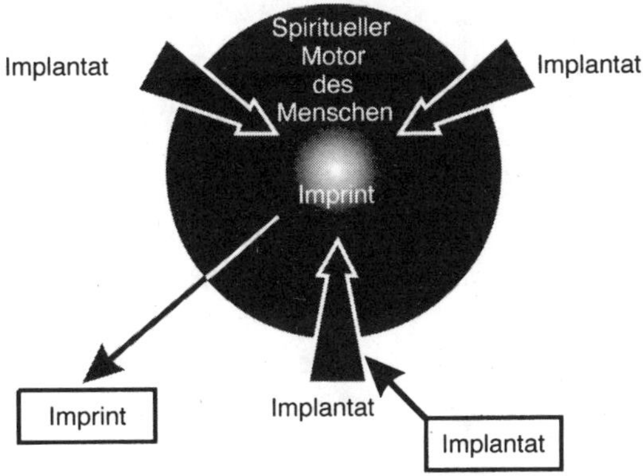

IMPRINT
Permanente Geburtsmerkmale und Charakteristika, wie:

- Tierkreiszeichen
- Karmische Aufgaben
- Farbe der Aura
- Lebensaufgabe
- Körperbau/-typ
- Immunität gegen Krankheiten
- Lebenslinie
- Persönlichkeits-/Charaktertyp

IMPLANTAT
Positive und negative ***variable*** Anpassungsvorrichtungen, die die Prägungen des ***Imprints*** im Laufe des Lebens modifizieren oder aufheben:

- Ermöglicht körperliche Heilung
- ermöglicht höhere Intelligenz
- ermöglicht Frieden und Weisheit
- setzt karmische Aufgaben nach ihrer erfolgreichen Erledigung außer Kraft
- ermöglicht unbegrenzte Anzahl von Anpassungen

Das *neutrale Implantat* kann das Imprint vollständig aufheben.

Was noch nicht zur Sprache gekommen ist

Es gibt noch weitere mir von Kryon übermittelte Botschaften, die hier bisher noch nicht zur Sprache kamen, weil es zu viele Informationen in zu kurzer Zeit wären. Es gibt weitere von mir bisher nicht angesprochene Themen, die mit Emotionen und Kontroversen behaftet sind, weil sie in den Köpfen einiger Leser »Knöpfe drücken« würden, welche die wahre Botschaft von Kryon in den Hintergrund drängen würden. Die menschliche Natur und die lokalen kulturellen Einflüsse, in denen wir leben, sind wie ein versiegeltes Terrarium voller Gedanken, Handlungen und Aktionen. Wir denken, handeln und reagieren auf bestimmte Art und Weise, weil uns beigebracht wurde, dass es so richtig sei oder weil wir glauben, dass es sich so gehört... oder dass es so angemessen ist. Dieses Verhalten nennen wir manchmal »zivilisiert« und geben damit einem Verhalten Pseudo-Glaubwürdigkeit, welches nur eine angelernte Reaktion innerhalb der Welt unseres lokalen Terrariums darstellt. Das Universum kennt unsere kulturell bedingten Regeln nicht. Diese Tatsache macht es manchmal für uns Menschen schwierig, die Dinge so zu verstehen, wie sie tatsächlich sind.

Ich habe Informationen über unsere menschliche Vergangenheit bekommen, deren Veröffentlichung zur jetzigen Zeit für viele eine ungünstige Wirkung hätte. Also bleiben die Informationen bis zu dem Zeitpunkt unausgesprochen, an dem diese Schriften weit verbreitet sind und ihr Wahrheitsgehalt erwiesen ist.

Darüber hinaus habe ich einen kleinen Einblick erhalten in einen Teil des Universums, mit dem wir uns nicht beschäftigen müssen, in dem es aber viel Aktivität gibt. Vielleicht wird eine Zeit kommen, in der es angemessen ist, darüber zu sprechen.

Liebe Freunde, wer immer Sie sind, ich hoffe, dass all dies Ihnen helfen konnte. Zwischen uns besteht ein Band, das uns durch den unzerstörbaren Faden der Liebesenergie, der jetzt an Stärke gewinnt, verbindet. Wir sind alle ein Teil derselben Menschheitsfamilie, die ihr Bestes tut, um auf diesem Planeten in Frieden zu leben.

Geben Sie dieses Buch, wenn Sie es gelesen haben, weiter an einen Freund oder eine Freundin. Das Wichtigste ist, dass diese Botschaft hinausgeht an alle, die bereit dafür sind.

Gegeben in Liebe

Lee Carroll

»Liebe ist das Größte und Höchste.

Es ist die grundlegende Kraft
und euer angenehmstes Gefühl.

Es ist der Zustand, aus dem ihr kamt ...
und in den ihr zurückkehren werdet.

Es ist, im tiefsten Kern,
das Gefühl,
nach Hause zu kommen.«

Anhang

Fragen zum Implantat – Kryon beantwortet Leserfragen

Erschienen in den der 1. Auflage folgenden Neuauflagen in Amerika

Es ist an der Zeit, uns einigen ausgewählten Fragen der Leser dieses Buches zuzuwenden. Im Laufe des ersten Jahres der Veröffentlichung des Kryon-Buches, der amerikanischen, nicht-gebundenen Lehrerausgabe, kamen ständig Briefe von der ganzen nördlichen Halbkugel der Erde mit Fragen und der Bitte um mehr Informationen. Es folgen hier ausgewählte Fragen, die von einigen Lesern zum Thema Selbsterfahrung und zu dem neuen Implantat an Kryon gestellt wurden. Ich verwende keine Namen, Orte oder auch nur Initialen, da ich die persönlichen Bemerkungen von Kryon in der Beantwortung der Fragen belassen habe, sodass Sie einen Bezug zu Kryons mitfühlender Art der Kommunikation bekommen können. Dadurch glaube ich die Integrität der vertraulichen Mitteilungen gewahrt zu haben. Die Fragen, die Sie nachfolgend lesen können (sowie viele andere), sind auch in dem zweiten Kryon-Buch »Denke nicht wie ein Mensch«, das bald erscheinen wird, enthalten. Sie werden bereits hier, in dieser neuen Auflage des ersten Bandes, veröffentlicht, da sie für das Thema des Implantates so wichtig sind.

Frage: Ich habe um das neutrale Implantat gebeten, weiß aber nicht, ob meine Bitte angenommen wurde oder nicht. Ich erlebe neuerdings lebhaftere Träume. Das ist für mich sehr ungewöhnlich. Ich habe eine Depression von größerem Ausmaß und längerer Dauer erlebt, als ich es normalerweise in dieser Phase meines Lebens kenne. Könnte es sein, dass ich mir nur etwas suggeriere, oder hängt es mit dem Wechsel meiner Geistführer (in Vorbereitung für die Meister-Führer) zusammen?

Antwort: Geliebtes Wesen, schon in dem Moment, als du dich darauf eingelassen hast, dass du um das Implantat bitten kannst, und es mit Worten aussprachst, begannen die Veränderungen in deinem Leben. Erinnere dich daran, dass der Geist dich kennt und sich nicht in deinem linearen Zeitrahmen bewegt. Das heißt, wir waren bereits lange, bevor du verbal danach fragtest, auf deinen Wunsch vorbereitet. Deine neuen Geistführer waren schon angekommen und standen zu dem Zeitpunkt, als du deine Absicht zum Ausdruck brachtest, bereit.

Eine Absicht wird vom Universum ebenso geehrt und gewürdigt wie in eurer Kultur ein in Worten gegebenes Versprechen und daher entspricht es dem Lauf der Dinge, dass deiner Bitte sofort stattgegeben wurde. Versuche nie mit dem Kopf »wegzuanalysieren«, was deine Intuition dir als Wahrheit mitteilt. Das ist dir nicht dienlich. Schaue nach vorne und freue dich auf mehr Erleuchtung und Weisheit in Bezug auf die Menschen in deiner Umgebung.

Frage: Ich fürchte mich davor, durch die negativen Dinge zu gehen, die als Möglichkeit beschrieben werden. Ich wünsche das Implantat, aber ich wünsche keine Dunkelheit und Depression. Ich habe auch Angst, dass ich dabei möglicherweise meinen Mann verlieren könnte... und das will ich nicht. Bin ich verwirrt?

Antwort: Wenn mehr Menschen in der Lage wären, ihre Angst verbal oder schriftlich, wie du es getan hast, auszudrücken, dann könnten sie ihre karmischen Eigenschaften viel besser verstehen. Lass mich deine Frage zuerst allgemein und dann spezifisch beantworten: Es ist in der gesamten Menschheit weit verbreitet, sich vor dem Astralen zu ängstigen, und das ist etwas, das nicht notwendig ist. Fürchtet euch nicht vor dem Implantat. Niemals!

Das Implantat ist der erste Schritt, um euer Höheres Selbst unmittelbar zu begrüßen, den Teil von euch zu kontaktieren, der wie abgetrennt von euch darauf wartete, sich endlich wieder mit euch zu vereinen. Möglicherweise hast du das Implantat und die Vorgänge, die mit seiner Installierung verbunden sind, mit der Art ritueller Vorgehensweisen auf der Erde verwechselt, die von dir ein Opfer verlangen, damit du etwas Neues erhältst. Im Zusammenhang mit dem Implantat geschieht nichts dergleichen. Stattdessen werdet ihr vorbereitet und gereinigt, um reife Weisheit, inneren Frieden und natürliche Furchtlosigkeit annehmen zu können. Verwechselt den Prozess nicht mit irgendeiner Art von Opfer! Wenn ihr euren Körper reinigt, bevor ihr neue Kleider anzieht, tut das weh? Es liegt keine

Strafe darin. Also wisst Folgendes: Wenn ihr um das Implantat bittet, bittet ihr um die Vollendung eures Vertrages. Es ist das perfekte Szenario und es könnte keine bessere Alternative für euch geben, als ihn zu erfüllen. Das Universum gibt euch nichts Negatives, wenn es euch das Werkzeug in die Hand gibt, mit dem ihr euren Vertrag erfüllen könnt.

Geliebtes Wesen, du hast so viel Angst davor, verlassen zu werden, dass es aus deiner tiefsten Seele schreit. Genau dies ist dein karmisches Merkmal, die Eigenschaft, die aufgehoben wird. Du fürchtest dich davor, ohne deine Geistführer alleine zu sein, und du befürchtest, deinen Partner zu verlieren. Begreife, dass das Implantat diese Furcht klären wird. In deinem speziellen Fall wird, wenn du keine Angst mehr vor dem Verlassenwerden zeigst, dein Partner wissen, dass sich etwas verändert hat, und du wirst eine sehr viel stabilere Partnerin für ihn sein. Freue dich auf eine wesentlich bessere Partnerschaft, wenn du im Gleichgewicht bist und dieses Angst-Karma schließlich von dir entfernt ist. Nur bei den Menschen, bei denen Partnerschaften speziell zur Auslösung des Karma gehörten, werden Partner gehen... und deiner gehört nicht dazu. Fürchte dich nicht vor dem Implantat. Ein neuer Geistführer ist aufgrund deiner Absichtserklärung bereits an Ort und Stelle und auch die anderen werden problemlos auftauchen.

Wir lieben dich unermesslich..., genau so, wie es deine menschlichen Eltern hätten tun sollen... und nicht getan haben. Spirit (der Heilige Geist) wird dich nicht verlassen.

Frage: Ich weiß, dass ich um den Geistführer-Wechsel und um das neutrale Implantat bitten will, aber in diesem Moment wünschte ich mir, ich würde mehr in Ihrer Nähe wohnen und wir könnten eine Beratungssitzung machen! Meine Befürchtung ist, dass ich meiner Familie Schmerzen zufügen könnte, wenn ich das Implantat annehme. Ich habe zwei Kinder im Alter von 15 und 10 Jahren. Ich weiß, dass wir gemeinsame karmische Verbindungen haben, und ich bin in einem Zwiespalt, denn ich möchte sie nicht verlieren.

Antwort: In der vergangenen Woche saß ich während einer privaten Channeling-Sitzung zu Füßen einer liebevollen menschlichen Mutter, der geraten wurde, »ihre Kinder auf den Altar Gottes zu legen und in Frieden zu sein«. Das steht in einem direkten Zusammenhang zu der sehr alten Geschichte von Abraham und Isaak, in der der Heilige Geist eine sehr bedeutungsvolle, tiefe geschichtliche Botschaft gab: dass ihr, um eure Kinder zu schützen, bereit sein müsst, sie Gott zu opfern.

Die Botschaft ist auch für dich klar: Diese kostbaren Wesen werden für die Zeit ihres Heranwachsens bei dir sein und sie werden nicht von dir entfernt werden, wenn du bereit bist, sie unter dem Segen Gottes aufzuziehen. Tatsächlich wird sich, geliebtes Wesen, deine Veränderung (durch das neutrale Implantat) positiv auf deine Kinder auswirken, so wie es direkt in deinem Vertrag steht. Statt sie zu verlieren, wirst du ihnen ein großes Geschenk machen, das ihnen andernfalls nicht gegeben werden könnte.

Das ist die wunderbare Art und Weise, wie der Geist arbeitet. Seid bereit und besten Willens und seid euch gewiss, der Geist würdigt und ehrt eure Absicht (auf den Buchstaben genau).

Das neutrale Implantat verändert DICH und das wiederum wirkt sich auf die anderen in deinem Umfeld aus. Es macht dich zum Mit-Schöpfer Gottes für die Dinge, die du zum Leben brauchst. Das, was sich am meisten verändert, ist die FURCHT. Die Furcht vor Dingen, die dich sonst ins Ungleichgewicht stürzten, weicht plötzlich von dir und du stehst verwundert da und fragst dich, was geschehen ist. Du kommst durch den Prozess ins Gleichgewicht und deine Kinder werden das sehen, genießen und in ihrem weiteren Leben immer nachzuahmen versuchen. Noch lange nachdem du gegangen bist, werden sie sich daran erinnern, wie ihre Mutter auf Ereignisse und Menschen reagierte und mit ihnen umging, und das wird die Kinder beeinflussen. Das ist dein Vertrag mit den Kindern. Darum hast du das Buch erhalten. Sei im Frieden damit und lass den Geist wissen (mit Worten), wenn du darum bittest, zur nächsten Ebene überzugehen, dass du den Vertrag mit den Kindern anerkennst. Erkennst du die Liebe, die in all das hineinfließt und wirkt?

Frage: Ich möchte nicht zu einem Menschen ohne Gefühle werden. Wird das neutrale Implantat mich passiv machen? Wenn ich aufgrund des neutralisierten Karmas nicht mehr länger auf die Dramen reagiere..., was wird dann sein? Werde ich lachen?

Antwort: Der Teil von euch, der menschlich ist, ...lacht, ...sich freut - und liebt, ist einer der wenigen Teile, die euch unverändert mitgegeben werden, wenn ihr auf eurem Planeten ankommt. Glaube mir, allein deine Frage ist in der Tat schon sehr lustig!

Wenn ihr den wahrhaftigen göttlichen Frieden empfangt, erhaltet ihr emotional ein leeres Blatt. Versteht, was das bedeutet: Es bedeutet nicht, dass plötzlich keine Gefühle mehr da sind... Es bedeutet nur, dass ihr jetzt frei in ihrem Gebrauch seid, ohne sie auf das Karma zu verschwenden! Keine Sorge mehr, keine Furcht, kein Ärger. Jetzt könnt ihr das einstige Drama der karmischen Interaktionen in weit angenehmere Dinge wie Feiern, Freude, Liebe und, ja, auch Humor verwandeln. Besonders in Humor! Lachst du schon?

Frage: Ich habe Kinder, die drei und sechs Jahre alt sind. Ich habe Angst davor, um das neue Implantat zu bitten, da ich fürchte, sie zu verlieren. Ich bin auch unsicher, was zwischen meinem Mann und mir geschehen wird. Obgleich er kein spirituell ausgerichteter Mann ist, ist er ein guter Vater und Ehemann. Ich will auch ihn nicht verlieren. Was soll ich tun?

Antwort: Gib unmittelbar deine Absichtserklärung für das Implantat ab. Für dich und alle Menschen gilt Folgendes: Das Implantat ist eure Belohnung. Es ist absolut kein Opfer und kein Leiden mit diesem Prozess verbunden. Diejenigen, die sich aus eurem Leben verabschieden werden, sind die, mit denen ihr »fertig« seid, diejenigen, die hier sind, um mit euch Karma zum Abschluss zu bringen. Die Übergangsphase ist für manche Menschen schwierig, besonders für die, die tief in karmische Gegebenheiten verstrickt sind. Menschen wie du, die ausgeglichen und zur Veränderung bereit sind, werden mit dem Geistführer-Wechsel keine großen Schwierigkeiten haben.

Lass mich etwas zu deinen Kindern sagen. Es ist wichtig, dass du verstehst: Die Kinder und du, ihr habt euch gegenseitig sorgfältig ausgewählt, bevor ihr zur Erde kamt. Sie gehören für die Dauer des Heranwachsens zu dir, wie es bei allen Müttern der Fall ist.

Niemals muss sich eine Mutter sorgen, ihre Kinder aufgrund des neuen Implantates zu verlieren. Das wäre im Sinne des Universums nicht angemessen. Auch wenn die Kinder die Grenzen eures Temperamentes und eurer Toleranz auf die Probe stellen (das ist angemessen) - das Implantat wird euch helfen, damit leichter umzugehen. Was geschehen wird, nachdem sie erwachsen sind, ist eine andere Geschichte, denn dann werden sie ebenso wie du heute gegenüber dem Geist und ihrem Karma verantwortlich sein. Sie werden sich dann dir gegenüber entsprechend verhalten. Das Universum liebt die Kinder ebenso wie du und es braucht dich, damit du auf sie achtest und dich um sie kümmerst, bis sie ihre eigene Erleuchtung erfahren, vielleicht mit deiner Hilfe. Schau ihnen manchmal in die Augen und versuche sie zu »erkennen«. Bitte dazu um Informationen vom Geist.

Sie werden oft in Träumen gegeben und es kann amüsant, witzig und nützlich sein zu wissen, wer die Kinder »wirklich« sind.

Zu deinem Ehemann möchte ich dir sagen: Seine Spiritualität spielt überhaupt keine Rolle für die Frage, was mit euch geschieht, wenn du das Implantat annimmst. Er ist genauso vollkommen geliebt wie jeder Mensch in der Schulung und er hat seinen eigenen Weg und seine eigenen Prozesse. Deine Verbindung mit ihm und eure gemeinsamen Kinder sind in der Tat ein Teil eures Karma. Aber was nach dem Implantat geschieht, muss deswegen nicht (zwangsläufig) negativ sein. Die Botschaften in diesem Buch weisen nur darauf hin, was potenziell geschehen könnte, sodass diejenigen mit schwerem Karma darauf vorbereitet sind. Wenn er deiner Entwicklung gegenüber Toleranz zeigt und dich bei deiner persönlichen Suche in Ruhe lässt, dann zeigt das, dass das Karma zwischen euch beiden nicht derart ist, dass es ihn zum Weggehen bewegen würde. Eure Partnerschaft ist sehr angemessen auf den Grundlagen der vergangenen Leben aufgebaut und es gibt kein schwieriges Merkmal. Wenn du das Implantat annimmst, wirst du dich verändern, aber er wird sich möglicherweise darüber freuen und sich dazu äußern, was die Partnerschaft verbessern kann. Für einen Menschen, der im Gleichgewicht ist, gibt es niemals die Notwendigkeit, die neue Kraft mit missionarischem Eifer zu verbreiten, und kein Mensch wird je das Implantat annehmen und irgendjemanden in seinem Umfeld »schlecht«

machen oder als »falsch« darstellen, weil dieser andere es nicht angenommen hat. Die Weisheit und Harmonie, die mit dem Implantat einhergehen, schließen das von vornherein aus.

Kryon

Wird es mehr Schriften geben?

Niemand konnte mehr über die Reaktion auf dieses erste Buch von Kryon überrascht sein als ich selber. Es führte zu hunderten von Briefen, Heilungen und spirituellem Erwachen. Die Kraft der Wahrheit scheint wie ein Laserstrahl die Rhetorik und den Trubel unseres Alltagslebens zu durchschneiden, uns zu höheren Ebenen zu führen... und uns das Erinnern möglich zu machen.

Wenn Sie dieses Buch gelesen haben und das Gefühl hatten, Kryon spricht persönlich zu Ihnen, dann sind Sie mit dieser Erfahrung nicht alleine. Wenn Sie diese Schriften lasen und die liebevolle göttliche Umarmung spürten, dann sind Sie damit nicht alleine. Wenn Sie eine Veränderung spürten, so als hätte sich irgendetwas in Ihnen verändert, dann ist das wirklich geschehen. Es passiert tatsächlich, während Sie diese liebevolle Kommunikation lesen und aufnehmen, etwas ganz Besonderes. Da gibt es einen Teil in jedem von uns, der das »Heimkommen« fühlt und darauf reagiert. Können Sie sich vorstellen, wie ich mich während dieser Arbeit fühle?

Nun kann ich ganz einfach nicht mehr damit aufhören zu schreiben. Dieses Buch ist nicht sehr dick, aber es ist nur das erste von mehreren, die so folgen werden, wie die Botschaften kommen. Buch II ist nahezu fertig und wird in Kürze folgen. Es beinhaltet

Fragen von Lesern und von mir selber zu der Wirkungsweise und Bedeutung von Dingen, die wir überall in unserer Umgebung beobachten können. Die Fragen an Kryon lauten zum Beispiel:

- Erzähl mir über Solara.
- Wie wirkt Gruppenkarma?
- Was sollte unsere Reaktion auf Tod sein?
- Kannst Du uns mehr wissenschaftliche Informationen geben?
- Was ist die Höhle der Schöpfung und wo ist sie?
- Wer stellte den Samen für unsere Biologie zur Verfügung?
- Warum differieren Hellseher und Medien so oft untereinander?
- Können wir unseren nuklearen Müll vollständig neutralisieren... und wie?
- Sage uns bitte etwas über das Massensterben auf der Erde in dieser Zeit?... Warum?
- Tragen einige von uns ständig ein schwereres Karma als andere?
- In welcher Weise berühren und beeinflussen uns Atlantis und Lemurien heute? Was geschah?
- Wer sandte Dich?
- Erzähl mir von Ramtha.
- Wer sind die »Dunklen«?
- Wer sind diejenigen, die Dich unterstützen?
- Erzähl mir von Nostradamus.
- Können wir die Gegenschwerkraft entdecken?
- Wem bist Du unmittelbar unterstellt?

Es gibt noch mehr Themen, aber wie Sie anhand der Fragen sehen können, war ich auf der Suche nach sehr grundsätzlichen Antworten... und ich bekam sie! Des Weiteren werden in Band II viele Schriften der Kryon Licht-Gruppen-Channelsitzungen veröffentlicht.

Freuen Sie sich auf den zweiten Band: »Denke nicht wie ein Mensch!«, Ostergaard Verlag (deutsche Ausgabe)

Nachwort der Herausgeberin

Warum erst jetzt?

Seit ich zum ersten Mal die Kryon-Schriften in den Händen hielt, beschäftigte mich die Frage, warum hören wir im deutschsprachigen Raum erst jetzt, 1997, von ihm, wenn schon seit 1992 Schriften von Kryon in Amerika und später in vielen Ländern der Erde publiziert wurden. Ich fand meine eigenen persönlichen Antworten, sodass mich diese Frage gedanklich nicht weiter beschäftigte, jedoch war sie tief in meinem Inneren nicht wirklich geklärt.

Als ich im November 1997 den hier im Folgenden abgedruckten Text empfing, war mir von der mich durchströmenden Energie und der gegebenen Aufforderung und Aufgabenstellung gleich zu Beginn klar, dass das Folgende veröffentlicht werden sollte. Und doch fühlte ich auch, dass hier so außergewöhnliche Worte und Sinnzusammenhänge ausgesprochen wurden, dass ich im Stillen dankbar war, im November, Monate vor einer Veröffentlichung, den Text zu empfangen. So war mir die erforderliche Zeitspanne vergönnt, mich mit dieser neuen Aufgabe vertraut zu machen.

Mich durchströmte und umhüllte in dieser Nacht eine solch intensive Liebesenergie, dass ich die empfangenen Botschaften heute gerne mit anderen Interessierten teilen möchte.

Viele Stationen dieses Jahrhunderts durfte ich in dieser Nacht besuchen, sodass ich selber über etwa zwölf Stunden durch Prozesse ging, durch die ich mich am Ende zutiefst befreit und reingewaschen (wie »einmal durchs Wasser gezogen«) fühlte.

Schon die Anrede gleich zu Beginn war so ungewöhnlich, dass ich meine Persönlichkeit immer weiter zurücknahm, um mich frei für die Durchsage zu öffnen.

Wir schreiben hier den präzise empfangenen Wortlaut, damit die Schwingung frei zu jedem Leser genau so fließt, wie ich sie empfing.

Petra Ostergaard

Der Text

Geliebte Deutsche, geliebte Schweizer, geliebte Österreicher, geliebtes Volk der deutschen Sprache.

Warum musstet ihr so lange warten, bis Kryon sich bei euch meldet? Ihr steht heute an einem Punkt in der Entwicklung, wo die kommenden Informationen euch in den letzten Jahren eher geschadet als gedient hätten. Ihr seid in eurer Mentalität sehr tiefgründig. Ihr versteht es, den Dingen auf den Grund zu gehen, ihr habt keine Angst vor Wurzeln, sondern ihr seht und sucht sie. Das ist gut. Daher können die nun kommenden Botschaften auch sehr viel schneller, sehr viel tiefer bei euch eintauchen.

Ihr wäret zu früh, für die Reife der Zeit, auf den Punkt gekommen. Der Punkt wäre noch nicht erkannt und stabilisiert gewesen und ihr wäret in den Löchern *(eurer Wurzeln)* versunken und verschwunden.

Amerika ist in seiner grenzenlosen Weite äußerlicher. Sie brauchten die mehrjährige Anlaufzeit und die Beweise von Zeit zu Zeit, um die Bereitschaft zu entwickeln, auch in ihre Wurzeln vorzudringen - die Bereitschaft, in die individuelle, persönliche Tiefe zu gehen.

Bei euch geht das jetzt alles sehr schnell. Es gibt nichts zu fürchten, es gibt keine Ereignisse in Deutschland, die es zu fürchten gilt. Die Ereignisse finden nun im Inneren statt und deshalb werden die Menschen Balance und Hilfe suchen - ihr kommt so schnell zu euren Wurzeln, ohne sie als Wurzeln zu erkennen. Ihr empfindet nur die Dunkelheit und Dichte um euch herum und ihr bedürft des Ausbalanciertseins und ihr bedürft der Orte, Häuser und Räume, wo ihr Licht empfinden, erkennen und spüren könnt. Erkennen, dass ihr an eure Wurzeln IM LICHT kommt - um euch auszurichten, zu entscheiden, zu erkennen, euch selber anzuerkennen, wer ihr seid - um euch zu der Krone zu sehnen. Um euch aus eurem Stamm, aus eurer Mitte heraus zu strecken und zu dehnen, in die Wurzel und in die Krone.

Die Dichte der Dunkelheit wird zu eurer Geborgenheit, eurem Halt, den ihr über viele Leben baut.

Es ist die Nahrung eures Körpers, es ist die Geborgenheit und der Halt eures Körpers, es ist die Geborgenheit und der Halt, den euch euer Körper schenkt.

Und ihr seht die Krone, die kräftige, reiche, füllige, grüne Krone.

Es ist die Herzenskrone! Die deutschsprachigen Nationen haben ein starkes Herz, es klopft und pocht und pulsiert für das Mensch-Sein und die Liebe.

Berührt von der fühlbaren, unermesslich tiefen Liebe, in der wir in unseren Ländern in diesem Moment spürbar eingehüllt werden, erlebe ich es bis zu dem Grad, an dem ich es nicht mehr annehmen und aushalten kann. Kriegsszenen tauchen vor meinem geistigen Auge auf und daraus resultierte meine folgende Frage: »Ich muss immer an den Holocaust dieses Jahrhunderts, ausgehend von Deutschland, denken. Wie verbindet sich das? - Was kannst Du uns dazu sagen?«

Ja, es waren die blutigen Geburten. Es war der blutige und grausame Beginn einer Geburt. Dieser evolutionäre Tod so vieler Menschen war die blutige Geburt in das Leben.

Was heisst das?

Es war der endgültige Abschied von Schmerz, Dunkelheit, Machtmissbrauch und Grausamkeit. Das Volk ging in eine Verantwortung und Macht, ohne bereits die Verantwortung übernehmen zu können. Ohne die Befähigung des Lichtes und der Erkenntnis. Es ging diesen letzten grausamen Weg, um einheitlich endgültig zu erwachen.

Die Völker fürchteten das Großdeutsche Reich mit Recht, denn es hatte Macht und war nicht fähig, sie zu gebrauchen, ohne zu töten und Schaden zuzufügen.

Es ist die Kraft des pulsierenden Herzens. Denn hier ist Herz - hier ist grün - hier ist Erneuerung.

Ich sehe nun die drei Länder Österreich, Schweiz und Deutschland aus geographischer Lage, wie bei einem Blick auf die Landkarte, vor meinem geistigen Auge.

Schwarz - Rot - Gold	die Farben der Fahne zeugen von meinen Worten
Rot - Weiß	die Farben der Fahne zeugen von meinen Worten
Rot - Weiß	die Farben der Fahne zeugen von meinen Worten

Vor meinem geistigen Auge zeigt sich Österreich als der Vater, die Schweiz als die Mutter und Deutschland als das Kind.

Vater und Mutter standen während der Geburt außerhalb der Grenzen. Das schreiende, tobende, klatschende Kind wollte sie vereinnahmen. Es war ein Machtkind; das Kind ist immer richtig. Und Vater und Mutter hielten es, selber unfähig zu handeln, weil das Kind sie vergewaltigen, befehligen wollte. Ihr Mütter und Väter, ihr kennt dieses Verhalten von Kindern, nicht wahr! Ihr erwachter Wille bringt so manche Mutter, so manchen Vater in die Ohnmacht.

Nun, das ist Vergangenheit. Die Geburt hatte sich vollzogen. Alle Opfer des 1. und 2. Weltkrieges waren eingeweiht in den großen Plan, sie wussten, dass sie diesen letzten Opfertod zu durchschreiten haben, um heute das Leben ins Leben zu bringen.

Sie haben sich damit einverstanden erklärt, sie haben sich dazu gemeldet. Es gibt nichts, was von euch zu befürchten ist. Ihr seid Kinder der Liebe. Und ihr seid Vater und Mutter der Liebe.

Die Menschen der deutschsprachigen Länder haben tiefe Wurzeln, Bewusstsein des Herzens und volle Herzenskraft. Es gilt für sie, den Mut zu entwickeln, sich auszurichten. Einfachen Menschen wird das oftmals leichter fallen. Taktieren und »Schach spielen« gehören nicht zu der Stärke eurer Mentalität.

Ja, Courage, ihr braucht Mut und Leichtigkeit - mögt ihr dem Wind erlauben, euch zu umspielen -, in eurer Krone zu spielen, um euer Herz zu durchlüften und spielerisch tanzen zu lassen. Der Wind wird warm und mild sein. Ihr habt die Schmerzen in euren Genen, das hält euch wach. Ja, ihr braucht die Heilung, ihr habt kollektive Schuld auf euch geladen und ihr habt sie kollektiv getragen. Genug damit! STOPP!

Öffnet eure Türen, eure Herzen für das Neue. Nehmt den Saft aus euren Wurzeln und das Licht aus eurer Krone und stärkt euren Stamm, sodass er steht - Schutz und Halt dienend demjenigen anbietend, der auf seiner langen Wanderung für eine Weile pulsierend weilen möchte, um auszuruhen und aufzutanken, um sich neu auf die Richtung seines Weges (die Ausrichtung) zu besinnen.

Das Bild der vielen Einwanderer und Asylanten taucht auf und mit einem Blick wird deutlich, dass es nicht ihr kollektives Ziel ist, sich hier einzubürgern, sondern neue Kraft zu finden, um sie eines Tages in ihr eigenes Land tragen zu können.

Spendet Schatten vor zu großer Hitze, ein Lager für müde Wanderer, einen Halt für müde, gebeugte Rücken. Eine Quelle ist immer bei euch, denn jeder Baum hat eine Quelle, von der er genährt wird. Öffnet eure Türen und grenzt ab vor Missbrauch - das Beil schlägt den Baum schnell und das Beil zerstört in Blitzesschnelle. IHR WISST DAS!

Übrig gebliebene und nicht erkannte, gereinigte Wurzeln verursachen Erdbeben. Ihr wisst das alles. Ihr habt es in den Genen. Ihr schützt und grenzt ab, indem ihr einfach seid, was ihr seid - richtet euch aus und steht - seid einfach »hier« - jeder an seinem Platz. Richtet euch aus - freut euch eures Lebens - atmet es ein - lasst es pulsieren - genießt euer Leben. Seid »hier«!

Jeder finde seinen Platz und seine Wurzel, jeder hat sie. Dort stehe er. Alles ist gut. Es gibt nichts zu fürchten.

Was ihr braucht, ist wieder das Vertrauen, das Vertrauen darauf, dass es nichts gibt, das ihr falsch machen könnt. Ihr seid geliebt, Völker der deutschen Sprache, ihr werdet unermesslich geliebt und wir ehren euch.

Begrabt eure Feindschaften, begrabt eure Feindschaften mit euch selber. Feiert eure Freude, feiert eure Freunde. Feiert mit euren Freunden!

GOTT SEGNET EUCH!

Am nächsten Morgen erschien etwas wie eine zusammenfassende Kernaussage zu dem empfangenen Text:

Mit dem Beginn dieses Jahrhunderts
war Deutschland an dem Rot angekommen.
Aus dem Schwarz pulsiert das Rot.
Die Geburt wollte geschehen.
Die Geburtswehen waren heftig.

Veranstaltet Happenings –
offenbart euch eure Wurzeln.
Verlasst die Enge und Dichte,
ohne sie jemals zu verlassen.
Schämt euch nicht länger für das,
was ihr seid,
sondern holt die Energie nach unten,
richtet euch aus
und feiert eure tiefen Wurzeln.

Über Lee Carroll

Lee Carroll ist ein kalifornischer Geschäftsmann, der bisher weder im spirituellen Bereich noch als Autor tätig war. Er studierte Betriebswirtschaft an der California Western University in Point Loma in Kalifornien, USA. Nun beginnt er, mit 48 Jahren, mit seiner wahren Lebensbestimmung:

Die Übermittlung der Botschaften von Kryon.

Seine praktische, zielgerichtete und auf das Wesentliche orientierte Herangehensweise ermöglicht eine Übertragung der Botschaften, die leicht zu lesen und doch selbst die rätselhaftesten Konzepte, die während des Channelns empfangen werden, verständlich werden lässt. Er schreibt seine Übertragungen nach wie vor an seinem Wohnort im südlichen Kalifornien und er lädt Sie herzlich ein, ihm zu schreiben und sich über Ihre Erfahrungen, die Sie im Zusammenhang mit dem Buch machten, zu äußern. Er ist besonders an Berichten interessiert, die das neutrale Implantat betreffen, und er arbeitet an einer Zusammenstellung von Erfahrungsberichten, die in Band III erscheinen sollen.

Vor der ersten amerikanischen Ausgabe von Band I gab es eine spiralgebundene (Lehrer-)Ausgabe von etwa 1000 Exemplaren, um die Nachfrage nach einer Veröffentlichung, die aus der ganzen westlichen Hemisphäre gekommen war (einzig aufgrund der Mundpropaganda von Menschen, die die Informationen für ihr Leben in dieser Zeit als wichtig empfanden), zu befriedigen.

The Kryon Writings
1155 Camino Del Mar, # 422
Del Mar, California 92014

Inzwischen wurden die Schriften von Kryon in zahlreiche Sprachen übertragen. Bis zum Beginn des Jahres 1998 wurden von dem Buch »The End Times« weltweit 250 000 Exemplare verkauft.

Kryon bei der UNO – den Vereinten Nationen!

Am 21. November 1995 sprach Kryon vor der S.E.A.T. (Society for Enlightenment and Transformation – Gesellschaft für Erleuchtung und Transformation) in der UNO (den Vereinten Nationen) in New York. Jan und Lee Carroll wurden von einer Elite-Gruppe der UNO zu einem Vortrag mit anschließendem Kryon-Channeling eingeladen. Während der Veranstaltung, die mit weiteren geladenen Gästen stattfand, konnten alle miteinander eine gemeinsame Meditation und Harmonisierung erleben.

Die erste Ausgabe der vierteljährlich erscheinenden Zeitschrift *Kryon Quarterly* und die 32. Ausgabe des *Connecting Link Magazines* enthalten die komplette Niederschrift dessen, was Kryon an diesem Tag sagte... Inzwischen hat die wissenschaftliche Gemeinschaft einiges davon als gültig erklärt.

Wir möchten Mohamad Ramadan, den Leiter dieses hell strahlenden Punktes in der UNO, unseren tiefsten Dank für seine Einladung und für seine Arbeit zur Erleuchtung unseres Planeten aussprechen.

- Kryon wurde im November 1996 zu einer weiteren Sitzung eingeladen.
- Unsere Leser finden eine deutschsprachige Veröffentlichung beider Reden in der Textsammlung von Kryon »Ihr werdet unermesslich geliebt«, Casa Assunta Enterprise.

Bestelladresse:
Ostergaard Verlag
* Sanctuary Aquarius *
Haus Rosengarten
Bahnhofstr. 12
88662 Überlingen am Bodensee
Tel.: 07551-92820
Fax: 07551-928239

Index

A

B

C

D

E

F

G

H

I

O

Q

R

S

T

U